乳児保育のフロンティア

伊藤良高 編
伊藤美佳子

晃洋書房

　　　　　　　　　は　し　が　き

　近年、乳児（満1歳に満たない者）・3歳未満児（0〜2歳児）の保育に対する社会的な関心が高まっている。その背景にあるものとして、大きく2点、指摘することができる。
　第1点は、女性の社会進出やワーク・ライフ・バランスの進展とともに、保育所、認定こども園等保育施設や家庭的保育、小規模保育等地域型保育をはじめ、そのニーズが広がってきているということである。都市部など地域によっては、近隣に適当な保育施設がなく、子どもを預けることができない「待機児童」問題が慢性化しており、その大半が1・2歳児を中心とする3歳未満児となっている。子どもを妊娠した瞬間から、「保活」などと呼ばれる希望する保育施設にわが子を預けるための涙ぐましい努力が迫られるのである。2015年4月にスタートした「子ども・子育て支援新制度」は、こうした問題に向き合おうとするものであるといわれているが、果たして実態はどのようであろうか。
　第2点は、近年における保育学や発達心理学、臨床心理学、小児医学などを中心とする「赤ちゃん研究」の成果が脚光をあびてきているということである。今日、児童虐待や不適切な養育が増加の一途を辿るなかで、発達心理学、臨床心理学の領域にあっては、乳幼児期における親と子の愛着（アタッチメント）形成の重要性が唱えられ、健全な愛着の発達を支えるための様々な心理的介入法が開発されてきている（参照：『子育て支援と心理臨床』編集委員会編『子育て支援と心理臨床』第9号、福村出版、2014年）。また、保育の世界においても、乳児・3歳未満児の保育の意義が再確認され、たとえば、2017年3月に改定された厚生労働省「保育所保育指針」（以下、「保育指針」と略）では、この時期の発達の特性を踏まえた保育内容の充実をそのポイントの1つとして位置づけるなどしている。こうした多様な動きのなかで、すべての乳児・1歳以上3歳未満児の豊かな発達の可能性やそれに係る保育の重要性が改めて強調されている。
　本書は、現代における乳児・3歳未満児と子育て家庭をめぐる状況を踏まえつつ、乳児保育の理論と実践について、現状、論点、課題を明らかにしようとするものである。3歳未満児の保育の意義を踏まえつつ、それぞれの最前線を丁寧にトレースしながら、乳児保育の新たな地平を切り拓こうとしている。

本書の大きな特徴として、乳児保育の世界について、①保育学、幼児教育学、発達心理学、小児医学等の学問的成果をベースとしながら、多角的・総合的に検討しようとしている、②「子ども・子育て支援新制度」に係る法令・資料はもとより、「保育指針」の改定内容を踏まえたアップツーデートな記述に努めている、③保育所、認定こども園、乳児院等における保育実習をはじめ、保育現場で役に立つ知識・技術を多く盛り込んでいる、などが挙げられる。また、乳児保育・保育学研究、保育実践の第一線に立っている研究者・実践者が、それぞれのフィールドについて、図表・写真・資料をビジュアル的に駆使しながらやさしく解き明かそうとしている。さらに、編者が経営する私立保育園（熊本県荒尾市・桜山保育園）は、近年、乳児棟の全面改築やゆるやかな担当制（3歳未満児）の導入等乳児保育の充実に努めてきているが、そうした取り組みの一端を紹介するものともなっている。

　本書は、大学・短期大学・専門学校等において、乳児保育について学ぼうとする学生諸君のための講義テキストとして、また、現任保育者（保育士・保育教諭等）や子育て支援関係者（保育ソーシャルワーカー・子育て支援員等）のための実務・研修教材として、さらには、乳児保育に関心を持っている一般市民のための参考資料として編まれたものである。これまでに刊行されている「フロンティアシリーズ」の最新刊として企画されたものであるが、その名にふさわしいものとなっているか否かは、賢明な読者諸氏の判断に委ねるしかない。今後、読者諸氏の建設的なご意見やご教示を賜りながら、改善の工夫を積み重ねていきたい。拙い小著であるが、乳児保育の理念や役割、内容・方法について理解を深めていくなかで、乳児保育のすばらしさや楽しさ、大切さを実感していただく契機ともしていただけるなら、私たちの望外の喜びとするところである。

　最後になったが、厳しい出版事情のなかで、本書の持つ価値について注目して下さり、出版を快諾された晃洋書房の植田実社長、編集でお世話になった丸井清泰氏、校正でお手数をおかけした石風呂春香氏に、心からお礼を申し上げたい。

　　2018年1月10日

　　　　　　　　　　　　　　　　　　　　　　　　　　　　編　者

目　　次

はしがき

第1章　乳児保育の理念と役割 … 1
　はじめに　(1)
　1　乳児の「幸福に生きる権利」と乳児保育　(1)
　2　乳児保育の理念　(3)
　3　乳児保育の役割・機能と課題　(4)
　おわりに　(6)

第2章　乳児保育の歴史的変遷 … 8
　はじめに　(8)
　1　戦後保育の出発と乳児保育の実際　(8)
　2　乳児保育ニーズの高まりと乳児保育対策の展開　(10)
　3　子ども・子育て支援新制度と乳児保育　(11)
　おわりに　(13)
　コラム1　赤ちゃん研究はいま　(15)

第3章　保育所・認定こども園における乳児保育 … 18
　はじめに　(18)
　1　保育所・認定こども園における乳児保育の理念と内容　(18)
　2　保育所・認定こども園における乳児保育の現状　(20)
　3　今後に向けての課題　(22)
　おわりに　(23)

第4章　乳児院における乳児保育 … 25
　はじめに　(25)
　1　乳児院で生活する子どもたちと保護者の現状　(25)
　2　乳児院における乳児保育の理論と実践　(27)

3　乳児院に求められるソーシャルワーク機能　（28）
　　おわりに　（30）

第5章　家庭的保育・小規模保育における乳児保育 ……………… 32
　　はじめに　（32）
　　1　子ども・子育て支援新制度と地域型保育事業　（32）
　　2　家庭的保育事業、小規模保育事業の現状　（34）
　　3　家庭的保育事業、小規模保育事業をめぐる課題　（36）
　　おわりに　（38）

第6章　家庭・地域における乳児の育ちと子育て支援 ……………… 41
　　はじめに　（41）
　　1　乳児期の子どもと居場所　（41）
　　2　親育ちの現状　（43）
　　3　地域における乳児期の子どもと親への支援　（44）
　　　1　妊娠・出産等に係る支援体制
　　　2　乳児期の子育て家庭に対する地域子育て支援の実際
　　おわりに　（47）
　　コラム2　現代の出産事情　（48）
　　コラム3　育児休業をめぐる現状と課題　（52）

第7章　乳児の発達と保育の内容 ……………………………………… 55
　　はじめに　（55）
　　1　0歳児から1歳3カ月未満児の
　　　　発達の特徴と保育者のかかわり　（55）
　　　1　3カ月未満児
　　　2　3〜6カ月未満児
　　　3　6カ月〜1歳3カ月未満児
　　2　保育の内容　（57）
　　　1　生活
　　　2　遊び
　　　3　子どもの発達と保育の内容をめぐる課題　（67）

おわりに　(69)

第8章　1歳以上3歳未満児の発達と保育の内容（Ⅰ） …………… 71
はじめに　(71)
1　子どもの発達の特徴（1歳3カ月～2歳）　(71)
　1　運動機能
　2　食事、睡眠、排泄
　3　言葉、コミュニケーション
　4　自我の芽生え
2　保育内容　(74)
おわりに　(76)

第9章　1歳以上3歳未満児の発達と保育の内容（Ⅱ） …………… 78
はじめに　(78)
1　2歳児の発達　(78)
2　2歳児の保育内容　(81)
おわりに　(82)

第10章　乳児保育の指導計画と記録 ……………………………… 85
はじめに　(85)
1　指導計画の基礎　(86)
2　乳児保育の記録　(87)
3　指導計画の展開　(89)
おわりに　(90)

第11章　乳児保育における職員間、関係者・関係機関間の連携 … 92
はじめに　(92)
1　乳児保育における保育者等職員間の連携と人間関係　(92)
2　乳児保育における保育者と保護者の連携　(94)
3　乳児保育における関係者・関係機関との連携　(95)
おわりに　(97)

コラム4　乳児とメディア　(99)

特別寄稿　　（ *103* ）
　　　おはなし
　　　「あたたかいおかゆさんとうめぼしばあちゃん」（作：月岡エミ子）

索　　引　　（ *107* ）

第1章 乳児保育の理念と役割

はじめに

「人間が生理的早産であるというところに、保育と教育の必要性が発生してくる。この保育と教育の責任を果たしていくことが、親、教師、国家・社会に求められるのである」。この指摘に見られるように、人間の赤ちゃんは、誕生後、母体内から外界への急激な環境の変化に対応し、心身ともに著しく成長・発達していく。乳児保育はまさに、こうした一個の生命体としての発達の可能性に満ちている乳児（満1歳に満たない者）を対象に、「生涯にわたる人格形成の基礎を培う」（教育基本法第11条）ことをめざして、1人1人の子どもの状態（成育歴、心身の発達、活動の実態等）に応じたきめ細やかな援助や関わりを行っていくことが求められる。

本章では、近年、その必要性と重要性が再認識され、改めて強調されつつある乳児保育の理念と役割について、総論的に考察することにしたい。具体的には、以下のようになる。まず、乳児の「幸福に生きる権利」の視点から、乳児保育の意義について考察する。そして、それを踏まえて、乳児保育の理念とはいかなるものであるかを検討する。最後に、乳児保育のはたすべき役割・機能と課題について指摘しておきたい。

1 乳児の「幸福に生きる権利」と乳児保育

すべての人間は、その生涯にわたって、自己の人格を磨き、豊かな人生を送ることができなければならない。そして、そのためには、乳児から高齢者に及ぶ生涯にわたる学習教育を通じて、人間発達の権利が保障される必要がある。とくに乳幼児期の子ども（以下、「乳幼児」と称することもある）にあっては、「生活しながら学習しており、生活を通して学習しており、学習を通して成長発達し

ている[2]」といわれるように、生活と成長・発達は密接不可分に結びついており、経済的、社会的及び文化的権利の側面からも、ひとしくその生活を保障され、愛護されなければならない。

　上記の点について、日本国憲法（1946年11月公布。以下、「憲法」という）は、次のように規定している。すなわち、第13条で、「すべて国民は、個人として尊重される。生命、自由及び幸福追求に対する国民の権利については、公共の福祉に反しない限り、立法その他の国政の上で、最大の尊重を必要とする」と明記しているが、ここには、乳児を含むすべての国民が1人の人間として尊重されること、また、生命、自由及び幸福追求、なかでも幸福追求に対する基本的人権が最大限保障されることの大切さが示されている。この世に生を受けた赤ちゃんが、1人1人人間らしく育ち、「幸福を追求する」、「幸福に生きる」ということが基本的人権の本旨（究極の目標）であることが読みとれる。

　人間の幸福とは何かについては諸説あるが、中谷彪は以下のように唱えており、興味深い。「最高の幸福の実体となにか。最も平凡な、最もありふれた言葉を以て表現すれば、それは人間らしい人間となること、特に他を愛しうるような人間になることである[3]」と述べ、人間らしい人間になること、特に、真に他人を愛しうる人間になることが幸福の源泉ではないかと指摘している。同氏の言葉を借りれば、人は「真に他を愛しうる人間となるならば、真に最高の幸福を感じ得ることができる[4]」のである。ここでいう愛とは、「無私の愛、純粋の愛、いかなる条件の下にも変わることのなく貫徹しうる愛[5]」を指しているが、愛の心を持ち得るという、まさに人間幸福の本質に立ち返った主張であるといえるであろう。

　乳児にとって、こうした「人間らしい人間になる」「愛の心を持ち得る人間になる」ための欠かすことのできない営みが、乳児保育である。それは、その後の保育・教育に引き続くスタートとなるものであり、土台ともなるものである。ここで重要であることは、厚生労働省「保育所保育指針」（厚生労働省告示第117号。2017年3月。以下、「保育指針」という）も指摘しているように、乳児期の子どもは、その発達の特性として、「視覚、聴覚などの感覚や、座る、はう、歩くなどの運動機能が著しく発達し、特定の大人との応答的な関わりを通じて、情緒的な絆が形成される」ということである。とりわけ、特定の大人（身近にいる特定の保育士等）との愛情豊かで受容的、応答的な関わりのなかで、相手との間に愛着関係を形成し、これを拠りどころとして、人に対する基本的信

頼感を培っていくことが求められる。そのためには、1人1人の乳児にとって、「生命を守られること」、「愛されること」、「信頼されること」が何よりも大切である。

　乳児が幸福に生きるためには、充実した乳児保育とともに、家庭及び地域における子どもの育ちを支える生活の保障も欠かせない。憲法第25条は、「すべて国民は、健康で文化的な最低限度の生活を営む権利を有する」と規定しているが、生活における理不尽な格差や貧困の解消など、乳児の将来が「生まれ育った環境によって左右されることのないよう」（子どもの貧困対策の推進に関する法律第1条）、その暮らしと育ちにおける経済的、社会的、文化的環境を十全に整備していかなければならない。

2　乳児保育の理念

　乳児保育の理念（あるべき姿・方向性。それを具体化したものが、目的・目標等）とはいかなるものであろうか。以下では、乳幼児の保育全般の理念を確認するなかで、その固有性・独自性について考えていきたい。

　まずは、乳幼児の保育全般の理念についてである。そのあり方についての議論は種々なされているが、一般的には次のようにとらえてよいであろう。すなわち、乳幼児の保育は、保育所、認定こども園、乳児院等保育・児童福祉施設を中心に、乳幼児期の子どもに対する意図的計画的な援助・教育活動（生命・生存・生活保障及び発育・発達保障）を総称するものとして用いられているが、「心身両面において、短期間に著しい発育・発達が見られる」、「この時期の子どもの発達は、個人差が大きい。そして、心身の発達は未分化な状態で互いに影響し合いながら発達していく」といった子どもの発達の特性や発達過程を踏まえ、養護（または保護や世話）と教育を一体的にとらえることが必要不可欠であると解されている点が特徴的である。

　乳幼児期の子どもの保育がめざすものは、すべての乳幼児の心身ともに健やかな育ち（健全な発達）であり、厚生労働省「保育所保育指針解説」（2018年2月）の表現を借りれば、「生涯にわたる人間形成にとって極めて重要な時期」にある乳幼児の「現在」が、「心地よく生き生きと幸せなものとなるとともに、長期的視野をもってその『未来』を見据えた時、生涯にわたる生きる力の基礎が培われることを目標として、保育を行う」ということになるのである。

こうした基本的な理念にあって、乳児保育としての固有性・独自性とは何であろうか。それを今ひとことで表すとすれば、「乳児の未熟性、病気、事故等に対する抵抗力の脆弱性など、この時期における心身発達の特性」からくるものであるということができよう。すなわち、その固有性・独自性とは、乳児について、「主体として受け止められ、その欲求が受容される経験を積み重ねることによって育まれる特定の大人との信頼関係を基盤に、世界を広げ言葉を獲得し始める[9]」、また、「心身の様々な機能が未熟であると同時に、発達の諸側面が互いに密接な関連をもち、未分化な状態である[10]」であることを踏まえたものであることが求められるのである。

乳児保育の理念として、最もコアとなるべき点は、子どもと生活を共にしながら、子どものあるがままを受け止め、その心身の状態に応じたきめ細やかな援助や関わりを通して、子どもの心と体を育てていくこと、特に、「子どもが、かけがえのない一個の独立した主体として尊重され、その命を守られ、愛情を受けて情緒の安定を図られながら、『現在を最も良く生きる』こと[11]」という保育の土台を形成していくことにほかならない。保育の現場にあって、保育士・保育教諭等保育者は、1人1人の子どもを心から愛し、十分なスキンシップや応答的なやり取り、言葉がけに努めながら、子どもの心の安定と身体感覚の育成を図っていくことが大切である。

3 乳児保育の役割・機能と課題

では、乳児保育のはたすべき役割・機能と課題は何かについて指摘しておきたい。乳児保育のはたすべき役割・機能としては、主に、以下の2点が挙げられる。

第1点は、働きながら乳児・3歳未満児を育てている家庭に対する「仕事と生活の調和」（ワーク・ライフ・バランス）の実現に向けた支援である。この「ワーク・ライフ・バランス」という言葉が使用されるようになったのは、少子化対策が大きな社会問題となった1990年代以降のことである[12]。政策的レベルで見れば、その直接的契機となったものは、1994年12月に出された文部省・厚生省・労働省・建設省4省大臣合意による「今後の子育て支援のための施策の基本的方向について」（エンゼルプラン）であるといってよいが、同文書において、「子育て支援」がキーワードとなり、以来、今日に至るまで、子育て支援策の1つ

として取り組まれてきている。乳児保育は、その施策の重要な一翼をなすものであるが、そのあり方が「ワーク・ライフ・バランス」のありよう（実情）を決め、また、逆に、「ワーク・ライフ・バランス」のありようが乳児保育のあり方を規定するといった相互関係にある、といえよう。

　第2点は、在宅で乳児・3歳未満児を育てている家庭に対する支援（地域子育て支援）である。その必要性については、上述の「ワーク・ライフ・バランス」同様、1990年代半ばから広く唱えられるようになり、以降、重要な子育て支援策として展開されてきている。身近に話し相手がいなかったり、安全な遊び場がなかったりなど、子育て家庭が孤立化しているといわれるなかで、安心・安全で、親子を温かく迎えてくれる施設として、保育所・認定こども園等保育施設が位置づけられ、それぞれの専門的機能を踏まえた子育て支援の活動が展開されている。特に食事や排泄（はいせつ）などの基本的生活習慣の自立に関することや、親子遊びや玩具、遊具の使い方、子どもとの適切な関わり方など、乳児保育のノウハウを生かした多様なプログラムが展開されている。地域子育て支援拠点事業（児童福祉法第6条の3第6項）や一時預かり事業（同第7項）などにおいても、同様の取り組みがなされている。

　こうした役割・機能を担っている乳児保育であるが、それをめぐる課題として、2点、指摘しておきたい。

　第1点は、乳児保育の実践を規定する保育条件、保育環境は、今日においても極めて不十分な状況にあり、さらに整備確立していくことが望まれるということである。例えば、「児童福祉施設の設備及び運営に関する基準」（1948年12月公布。以下、「設備運営基準」という）第33条第2項は、「保育士の数は、乳児おおむね3人につき1人以上、満1歳以上満3歳に満たない幼児おおむね6人に1人以上」と規定しているが、保育界にあっては、従前から、保育士1人に対して、「0歳児は3人、1歳児は4人、2歳児5人」[13]、さらには、クラス規模についても、「3歳未満児は1クラスおおよそ15人以下」[14]（現行法令上は、規定なし。筆者注）などといった基準改正への必要性が指摘されてきており、0歳児の保育士配置基準も含め、国際的な水準を踏まえた設備運営基準の抜本的な見直しが求められよう。

　第2点は、2015年4月に施行された「子ども・子育て支援新制度」における乳児保育について、その現状と問題点、課題を解明していく必要があるということである。同制度創設の趣旨として、認定こども園制度の改善や地域の実情

に応じた子ども・子育て支援などにより、幼児期の学校教育・保育、地域の子ども・子育て支援の総合的な推進を図るととともに、都市部における「待機児童」を解消することなどが掲げられている[15]。そうしたなかにあって、家庭的保育事業や小規模保育事業などの地域型保育事業（子ども・子育て支援法第7条第5項。児童福祉法第6条の3第9～12項）は、少人数の3歳未満児を預かる事業として期待されているが、乳児保育の量的拡充が、規制緩和への動きのなかで、保育の質的拡充を伴うものであるかが問われなければならないであろう。いうまでもなく、それらにおいても保育施設と同様、豊かな乳児保育の世界が保障されていなければならないのである。

おわりに

1989年11月に国連で採択された「児童（子ども）の権利に関する条約」（日本においては、1994年5月発効）第12条は、「締約国は、自己の意見を形成する能力のある児童がその児童に影響を及ぼすすべての事項について自由に自己の意見を表明する権利を確保する」と規定している。本条項は、子どもの意見表明権について定めたものであるが、ここでいう「児童」（18歳未満のすべての者）には当然、乳児・3歳未満児も含まれている。したがって、乳児保育において、こうした乳児の意見表明権を基軸とした保育実践や施設経営を心がけていくことが望まれるといえるであろう[16]。乳児は、自らの意思で選択し行動する、能動的な権利主体なのである。

演習問題
1．乳児の「幸福に生きる権利」と乳児保育の意義について考えてみよう。
2．乳児保育の理念と役割・機能についてまとめてみよう。
3．現代における乳児保育をめぐる課題について議論してみよう。

注
1）中谷彪「子どもの誕生と教育を考える」伊藤良高・中谷彪・浪本勝年編著『現代の幼児教育を考える〔改訂版〕』北樹出版、2005年、12頁。
2）荘司雅子『保育学講座1　幼児教育の原理と方法』フレーベル館、1969年、89頁。
3）中谷彪「子ども・若者の幸福と努力──「幸福に生きる権利」とかかわって──」伊藤良高・永野典詞・大津尚志・中谷彪編『子ども・若者政策のフロンティア』晃洋書房、

2012年、107頁。
4）同上。
5）同上。
6）厚生労働省「保育所保育指針解説」2018年２月。
7）同上。
8）鈴木政次郎「特別保育制度Ⅰ（乳児保育）」岡田正章編『少子時代の保育園　上　その動向と課題』中央法規出版、1991年、72頁。
9）厚生労働省前掲資料。
10）同上。
11）同上。
12）参照：伊藤良高『〔新版〕子どもの環境と保育──少子社会の育児・子育て論──』北樹出版、2001年。
13）村山祐一『保育園はどう変わるべきか──公的保障の拡充改革への展望──』ひとなる書房、1993年、230頁。
14）同上。
15）参照：伊藤良高『幼児教育行政学』晃洋書房、2015年。
16）参照：秋川陽一「子どもの権利保障から見た初期教育制度の課題」日本教育制度学会編『現代教育制度改革への提言　上巻』東信堂、2013年。

参 考 文 献

伊藤良高・伊藤美佳子『新版　子どもの幸せと親の幸せ──未来を紡ぐ保育・子育てのエッセンス──』晃洋書房、2017年。
伊藤良高・下坂剛編『人間の形成と心理のフロンティア』晃洋書房、2016年。
伊藤良高・牧田満知子・立花直樹編『現場から福祉の課題を考える　子どもの豊かな育ちを支えるソーシャル・キャピタル──新時代の関係構築に向けた展望──』ミネルヴァ書房、2018年。
日本保育ソーシャルワーク学会編『保育ソーシャルワーカーのおしごとガイドブック』風鳴舎、2017年。
日本保育ソーシャルワーク学会編『保育ソーシャルワークの世界──理論と実践──』晃洋書房、2014年。

第2章 乳児保育の歴史的変遷

はじめに

　戦後日本において、保育は、新たな理念とともにスタートした。子ども（と保護者）の幸福の実現をめざす教育・保育法制（教育基本法、児童福祉法等）の下で、乳児保育は、これまでいかなる道筋を歩んできたのであろうか。また、その現状はどうなっているのであろうか。

　本章では、戦後日本における乳児保育の歴史的変遷（へんせん）について概観することしたい。具体的には、以下のようになる。まず、戦後保育の出発期における乳児保育の実際について確認する。そして、1960年代始め頃からの乳児保育ニーズの高まりと乳児保育対策の動向について叙述する。最後に、2015年4月に施行された「子ども・子育て支援新制度」における乳児保育の現状と問題点、課題について考察したい。

1　戦後保育の出発と乳児保育の実際

　戦後日本の保育は、1947年3月の教育基本法（旧法。以下、「旧・教育基本法」という）及び同12月の児童福祉法の公布によって新たなスタートを切った。「民主的で文化的な国家を建設して、世界の平和と人類の福祉に貢献する」という日本国憲法（1946年11月公布。以下、「憲法」という）の理想を実現するため、旧・教育基本法第1条は、「人格の完成」をめざし、「心身ともに健康な国民」を育成することを教育の目的として掲げた。そして、憲法第26条の「教育を受ける権利」を受けて、同第3条は、乳児・3歳未満児を含むすべての国民に対して、ひとしく教育を受ける機会を保障するという原則を示した[1]。また、児童福祉法は、児童福祉の理念について、すべての児童の心身ともに健やかな育ち及び生活の保障にあることを明示する（第1条）とともに、その責任が、児童の保護

者のみならず、国及び地方公共団体にあることを規定した（第2条）。

　就学前の子ども（乳児、3歳未満児、3歳以上児）の保育施設として、保育所と幼稚園が法制度化されたが、うち、保育所について、児童福祉法で定める児童福祉施設の1種とされ、「日日保護者の委託を受けて、その乳児又は幼児を保育することを目的とする」（第39条）と定められた。ここにおいて、保育所は、地域におけるすべての子ども・子育て家庭に開かれた施設として、① 乳幼児の環境保護、② 集団保育による乳幼児の成長・発達の権利保障、③ 乳幼児の福祉を増進する基盤としての女性の労働権・社会参加権保障、人間性の尊重確立がめざされた。保育所は、社会政策との関連を有するものとして位置づけられ、「母と子の権利の同時保障は保育所法制化の当初から考えられていたことであった[2]」のである。

　しかしながら、その後、実際にとられた児童福祉施策は、「ほとんどが要保護児童のみを対象としたものであった[3]」し、また、「特別の子どもを、国や地方自治体が親に代わって保護するという考え方から脱却することができなかった[4]」。このことは、保育所についても同様であった。鈴木政次郎の言葉に従えば、「1965年頃以前までは、年少児の入所は極めて低調であり、特に、乳児の入所措置については、必要やむを得ない場合に限るという考え方と対応が一般的であった[5]」のである。この指摘の通り、入所児童全体に占める乳児の割合は、1950年代から60年代にかけて、わずか0.1％〜0.2％にとどまっていた。児童福祉法の掲げた高い理想は、まさに絵に描いた餅という状況に過ぎなかった。

　こうした状況をもたらした要因はいったい何であろうか。それについては、いくつか挙げることができるが、やはり、国の消極的な保育思想とそれに基づく一連の保育政策が根底にあったということができよう。1つは、1951年6月の児童福祉法改正（第39条に「保育に欠ける」という文言が挿入）を契機として、保育所は「単なる教育施設ではない[6]」ととらえられ、幼稚園との違いが明確にされたということである。これ以降、保育所の保育の対象となる子どもが「保育に欠ける」子どもに限定されるとともに、その解釈も、保育予算の削減など行政側の都合による縮小化が推し進められることになった。2つは、1963年7月の厚生省中央児童福祉審議会「保育問題をこう考える――中間報告――」に象徴されるように、「2〜3歳以下の乳幼児期においては、まず家庭において保育されることが原則でなければならない[7]」などと保護者（母親）の保育責任や家庭保育の重要性が強調され、乳児・3歳未満児の集団保育の意義が顧みられ

なかったということである。まだ首も座らない幼いわが子を保育所に預けて働くことは、「非常識」、「必要悪」にほかならなかったのである。

2 乳児保育ニーズの高まりと乳児保育対策の展開

　上述のような考え方や対応は、行政関係者にのみ限られていたかといえば、必ずしもそうとはいえないであろう。なぜなら、当時にあって、乳児の未熟性や病気、事故等に対する抵抗力の脆弱性などを理由に、「3歳未満の年少児について集団保育への消極論、ホスピタリズム的な施設保育による悪影響を危惧する保育関係者や保護者などの潜在的不安とためらいも大きかった」からである。「子どもは3歳までは、常時家庭において母親の手で育てないと、子どものその後の成長に悪影響を及ぼす」という「3歳児神話」は、社会的通念として、その後も、（少なくとも1990年代末頃まで）根強く続いていくのである。

　しかしながら、1960年代初め頃からの保護者の保育所増設に対する強い要求や産休明け保育に対するニーズに真摯に応えようとする保育関係者の努力により、乳児・3歳未満児もまた、集団保育のなかで大きく成長・発達することが実践的にも理論的にも確かめられ、すべての子どもに集団保育を保障すべきであるとの考え方が広がっていった。こうした乳児保育の広がりの社会的背景には、高度経済成長に向かって邁進する日本経済にとって一定の女性労働力（大半はパート労働）の確保が求められたことや、急速な生活環境の変化に伴う家庭や地域社会における教育力の低下とそれらを要因とする育児・子育て問題（テレビ漬け、過保護や過干渉、密室の育児など）が顕在化してきたことなどを挙げることができよう。

　こうした状況に対し、国は、それまでの消極的な対応を見直し、保育条件の整備を前提として、徐々に拡充していくという方向に転換した。厚生省は1969年4月に、児童家庭局長通知「保育所における乳児保育対策の強化について」を発出し、同年度から「乳児保育特別対策」を実施した。同対策は、一定所得階層以下の家庭の乳児を対象に、都市またはその周辺で乳児保育の必要の多い地域に設置されていることや、家庭の所得階層がC階層以下（所得税非課税）に属する乳児が9人以上入所していることなどの要件を満たす保育所に対して、対象乳児数に応じ、乳児3人につき1人の保母を配置できる措置費を支弁するというものであった。しかし、予算的な制約などのため、実際には、「年々3

歳未満児の措置児数は増えてはいるが、働きつづけるために不可欠な産休明け保育は、公立保育所ではほとんど着手されず、民間保育所の一部と保育条件の劣悪な無認可保育所に委ねられていた」[11]という状況であった。

1989年度からは、入所しているすべての乳児を対象とするとともに、3人以上の乳児を入所させる保育所に対しては、措置費によって、乳児保育の経験があり、乳児保育に精通している乳児担当保母1人を配置させることとした。また、都市部など7人以上乳児がいる保育所については、措置費とは別に、補助制度が創設された。そして、1998年度からは、児童福祉施設最低基準を改正し、乳児の保育士定数3：1を新たに設け、すべての保育所で乳児の受け入れができるように一般化が図られた。また、2000年度〜2007年度においては、年度途中の保育所入所に対応できるよう、保育条件の整備に取り組むため、「乳児保育促進事業」も実施された[12]。

これらの動向に関連して、保育士養成について、1970年に指定保育士養成施設における保育士養成課程が改正され、修業教科目として、「乳児保育」（演習、2単位）が新設された。また、保育内容について、厚生省「保育所保育指針」（以下、「保育指針」という）第1次改訂（1990年3月）では、保育内容の年齢区分について、新たに6か月未満の区分が設けられ、乳児期の保育内容がより詳しく提示された。さらに、同第2次改訂（1999年10月）では、産休明け保育の普及に対応するため、乳幼児突然死症候群の予防や児童虐待などの対応に係る記述が新たに明記された。

3　子ども・子育て支援新制度と乳児保育

2015年4月、「子ども・子育て関連3法」（「子ども・子育て支援法」、「就学前の子どもに関する教育、保育等の総合的な提供の推進に関する法律の一部を改正する法律」及び「子ども・子育て支援法及び就学前の子どもに関する教育、保育等の総合的な提供の推進に関する法律の一部を改正する法律の施行に伴う関係法律の整備等に関する法律」。いずれも、2012年8月公布）に基づき、子ども・子育て支援新制度（以下、「新制度」という）がスタートした。同制度は、政府資料によれば、核家族化の進展、地域のつながりの希薄化、共働き家庭の増加、兄弟姉妹の数の減少など子育て家庭や子どもの育ちをめぐる環境が大きく変化するなかで、「子どもの年齢や親の就労状況などに応じた多様かつ質の高い支援を実現するため、消費税財源も活用し

て、幼児期の学校教育・保育、地域の子ども・子育て支援を総合的に推進」することを趣旨として、① 認定こども園、幼稚園、保育所を通じた共通の給付（「施設型給付」）及び小規模保育等への給付（「地域型保育給付」）の創設、② 認定こども園の改善（幼保連携型認定こども園の改善等）、③「地域子ども・子育て支援事業」の創設（子ども・子育て支援法第59条に規定されている利用者支援事業、地域子ども支援拠点事業、妊婦健康診査等13の事業）、④ 市町村が実施主体、などが主なポイントとなっている。[13]

　同制度においては、そのねらいの1つに、幼稚園の認定こども園（幼保連携型、幼稚園型）への移行・転換や、保育所・幼稚園・認定こども園を連携施設とした家庭的保育事業（事業主体：市町村、民間事業者等、保育実施場所等：保育者の居宅、その他の場所、施設、認可定員：1～5人）や小規模保育事業（事業主体：市町村、民間事業者等、保育実施場所等：保育者の居宅、その他の場所、施設、認可定員：6～19人）など地域型保育事業の拡充によって、都市部における待機児童の解消を図ることが掲げられている。待機児童問題については、1990年代末から早急に解決すべき政策課題とされ、規制緩和を伴いながら様々な施策が展開されてきているが、保育の量の拡大策として、新制度の実施以降、認定こども園や家庭的保育事業、小規模保育事業等地域型保育事業がその受け皿として積極的に活用されようとしている（図2-1）。

　こうした方策については、少人数を対象に、家庭に近い雰囲気のもと、きめ細やかな保育を行うなど一定期待する向きもあるが、はたして低年齢児（0～2歳）の待機児童解消に繋がるのか、また、そこにおける保育の質はどうかなど慎重に精査していく必要がある。否、むしろ、保護者と施設・事業との直接契約制の広がり（他方で、保育の公共性の希薄化・縮小）や規制緩和のなかでの株式会社・有限会社等民間事業者の参入など、子ども・子育て支援の保障という観点から見て、懸念すべき点が少なくない。[14]

　保育指針第4次改定（2017年3月）では、改定に向けた検討課題として、「子ども・子育て支援新制度の施行等に伴う、保育をめぐる環境の変化（利用児童数の増加、小規模保育等の多様な保育機会の充実等）を踏まえ、全般的にどのような見直しを行うか」、「乳児保育、3歳未満児保育に関して、この時期の発達の特性を踏まえつつ、どのように内容を充実するか」などが挙げられたが、保育現場において、「保育を必要とする」（児童福祉法第39条第1項、第6条の3第9～12項）乳児、3歳未満児の保育内容のさらなる改善、向上に努めていくことが求められる。

第 2 章　乳児保育の歴史的変遷

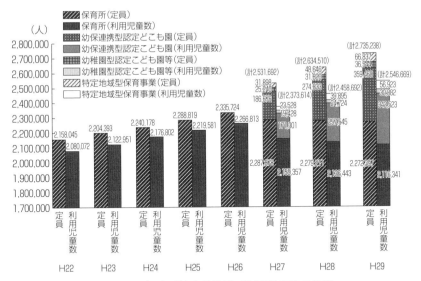

図 2-1　保育所等定員数及び利用児童数の推移

注：特定地域型保育事業：小規模保育事業、家庭的保育事業、事業所内保育事業及び居宅訪問型保育事業（うち 2 号・3 号認定）。
出典：厚生労働省「保育所等関連状況取りまとめ（平成 29 年 4 月 1 日）」2017 年。

おわりに

　保育関係者の並々ならぬ努力により営々と築かれてきた乳児保育は、これからどこへ向かっていくのであろうか。その未来は、乳児、3 歳未満児の保育に関わるすべての者の手のなかにあるといってよいが、めざすべきものは、子どもと保護者の幸せの実現ということにほかならない。子ども及び子育て当事者とともに歩み、ともに創造する乳児保育の世界が不可欠である。

【演習問題】
1．戦後保育の出発期における乳児保育の実際について調べてみよう。
2．1960 年代初め頃からの乳児保育対策の動向についてまとめてみよう。
3．子ども・子育て支援新制度における乳児保育の現状と課題について考えてみよう。

注

1）参照：伊藤良高「新時代の幼児教育――理念と構造――」伊藤良高・中谷彪・北野幸子編『幼児教育のフロンティア』晃洋書房、2009年。
2）浦辺史「戦後改革と保育」浦辺史・宍戸健夫・村山祐一編『保育の歴史』青木書店、1981年、130頁。
3）許斐有『子どもの権利と児童福祉法』信山社、1996年、2頁。
4）同上。
5）鈴木政次郎「特別保育制度Ⅰ（乳児保育）」岡田正章編『少子時代の保育園 上――その動向と課題――』中央法規出版株式会社、1991年、65頁。
6）厚生省児童局保育課『保育所の運営』1954年。
7）厚生省・中央児童福祉審議会「保育問題をこう考える――中間報告――」1963年7月。
8）参照：加藤繁美「高度経済成長期における保育社会化論の論理と構造」榊達雄編著『教育自治と教育制度』大学教育出版、2003年。
9）注5）と同じ。
10）参照：伊藤良高『〔新版〕子どもの環境と保育――少子社会の育児・子育て論――』北樹出版、2001年。
11）諏訪きぬ「高度経済成長と保育要求の高揚」浦辺・宍戸・村山編前掲書、220頁。
12）参照：中央法規出版編集部『保育所運営ハンドブック（平成29年版）』中央法規出版株式会社、2017年。
13）厚生労働省・社会保障審議会児童部会保育専門委員会第1回会議「配布資料：保育をめぐる現状」、2015年12月。
14）参照：伊藤良高『幼児教育行政学』晃洋書房、2015年。

参考文献

伊藤良高『保育制度改革と保育施設経営――保育所経営の理論と実践に関する研究――』風間書房、2011年。
伊藤良高・大津尚志・永野典詞・荒井英治郎編『教育と法のフロンティア』晃洋書房、2015年。
伊藤良高・永野典詞・三好明夫・下坂剛編『新版 子ども家庭福祉のフロンティア』晃洋書房、2015年。

コラム1
▶赤ちゃん研究はいま

赤ちゃん学の誕生

　赤ちゃん学を知っているだろうか。簡単に言えば、赤ちゃんに対する疑問を科学的に検証する学問である。海外では1960年代に赤ちゃん学は始まったとされている。日本では2001年4月に設立された日本赤ちゃん学会が、その発展に大きな役割を担ってきた。日本における赤ちゃん学の歩みについて産経新聞が取り上げ1冊の本にまとめた『赤ちゃん学を知っていますか？──ここまできた新常識──』において、榊原洋一は、赤ちゃん学が創設された理由を、「赤ちゃんの体と心の発達とその問題については、小児科学、発達心理学、脳科学などの既存の学問体系のなかで個別に扱われてきました。専門分野間の壁をとりはらい、さまざまな関連分野の研究者、保育関係者、そして子育て中の親が赤ちゃんの全体像について研究するのが『赤ちゃん学』という新しい学問分野が創設された理由です」としている。つまり、赤ちゃん学は、養育者も含めた、研究者、保育関係者にとって、赤ちゃんのことを知るための身近な学問であると言える。

　2017年7月に福岡県久留米市で開催された日本赤ちゃん学会第17回学術集会では、「生体リズム異常と発達障害」と題した会長講演が、また、「生体リズム・睡眠・脳機能獲得過程解明の最前線」と題したシンポジウムが行われた。会長講演に加えシンポジウムでも、人の体に自然に備わっている生体リズムが取り上げてあり、その関心の高さがうかがえるが、最近の研究では、マウスの胎児の体内時計は受精から約13〜15日で働くとの研究結果も紹介されている。京都府立医科大学の八木田和弘らの研究であるが、「体内時計が働かない時期の胎児は繊細で外部からのストレスに弱く、この成果が人に応用できれば、早産や流産を減らせるような妊婦の過ごし方のヒントになる可能性がある」とされている。人に対する研究に発展するまでには長い時間がかかると思われるが、今後さらに、人の体内時計ができる過程やメカニズムが解明されるのを期待したい。

赤ちゃんを理解するためのさまざまな研究

　赤ちゃんを理解するためには赤ちゃんを深く知る必要がある。現在、その研究において、さまざまな測定方法が用いられているが、よく用いられるのは、赤ちゃんの行動を観察する方法である。例を挙げると、モニター画面に人の顔を映し出し、赤ちゃんの視線の動きを測定することで、月齢の違いで人の顔のどこに注目するかをみた研究がある。同志社大学赤ちゃん学研究センターによる顔の認識の

研究であるが、生後間もない赤ちゃんは顔の輪郭を見ているため、母親が髪型を変えるとわからなくなるが、生後2カ月くらいから目や口などに注意がいくため、髪型を変えても母親がわかるそうである。生後2カ月未満の赤ちゃんを保育する上では知っておくとためになる知識と言える。その他にも、赤ちゃんに測定用の専用の帽子をかぶってもらい脳波を測定する方法や、同じように頭に装着し脳血流量の変化を測定する近赤外線イメージング装置で測定する方法が行われている。脳科学の進歩と相まって、脳の中の活性化している部位を特定し、赤ちゃんの行動と結び付けて解釈することができるようになった。脳波の測定も、近赤外線イメージング装置による測定も、赤ちゃんにとって負担が少なく安全な測定方法である。

注目される研究成果と乳児保育

　泣いている赤ちゃんを抱っこして歩くと泣きやむという経験をした人も多いと思われるが、すでに、その科学的な裏付けも示されている。理化学研究所の黒田久美らの研究であるが[3]、母親が生後1〜6カ月の乳児を抱きながら歩くと、抱いたまま座っている場合に比べ、自発運動量が約5分の1に、泣く量が10分の1に低下し、心拍数も母親が歩き始めて3秒程度で顕著に低下したと報告している。同時に、マウスを使った実験も行っており、母マウスが赤ちゃんマウスの首の後ろを口でくわえて運ぶのを模し、赤ちゃんマウスの首の後ろを指でつまみあげると自発運動の減少化、特有の鳴き声の減少、心拍数の低下がみられたと報告している。さらに、麻酔を使って赤ちゃんマウスの首の後ろの触覚と固有感覚を麻痺させると、自発運動が減少する時間が短かったと報告している。マウスと人の赤ちゃんにおいて、親が運ぶ際に鎮静化によって協調する輸送反応が進化的に保存されると推測している。また、抱いて運ばれる際の子どもの協調的反応が定量・可視化されれば、育児の効率に対する養育者の自信や意欲を高めたり、また、バイオフィードバック学習[4]を行ったりすることが可能になるのではとしている。

　アメリカの研究者であるジュリア・ロナルドらの報告では[5]、「大人が、乳幼児に粘り強く課題に取り組む姿を見せると、乳幼児自身も与えられた課題に粘り強く取り組む可能性がある」としている。研究の概略は、262名の乳幼児（平均月齢15カ月）に対し、大人が透明のプラスチックの箱からカエルのおもちゃを取り出したり、カラビナ（登山道具の1つ）からキーチェーンを取り外すなどの課題を30秒間かけて粘り強く行う場面と、時間をかけず10秒で簡単に課題を行う場面を見せ、その後、乳幼児には、音が出ると思わせた箱についているボタンを押す

という新しい別の課題を行わせた。その結果、大人が時間をかけて粘り強く課題を行う場面を見たグループの乳幼児の方が、ボタンを押す回数が多かったとするものである。つまり、赤ちゃんは大人の頑張る姿に影響される可能性があることを示唆している。諺の「親の背中を見て子どもは育つ」を実証するような研究結果であるが、保育者として赤ちゃんに保育課題を見せる時は、さっと見せずに、苦労しているように見せかけながら課題を提示すると、赤ちゃんも粘り強く課題に取り組むのではないだろうか。

　このように、赤ちゃん研究の中には身近な子育てのヒントになるような研究も多い。赤ちゃんが未熟な存在だとする学説は間違いである。実際の赤ちゃんはいろいろな物を見聞きしているし認識もできている。今後研究が進み、赤ちゃんに秘められた力を知り、そして、赤ちゃんの世界観を知ることができれば、子育ての種々の悩みが減り、子育てがもっと楽しいものになるであろう。また、保育者としての関わり方にも厚みが増すに違いない。

　注
1）日本赤ちゃん学会の目的は、「乳児を中心とした子どもに関する学理およびその応用の研究についての発表、知識の交換、会員相互の交流、情報等の提供、啓蒙活動等を行うことにより、総合的な学問領域としての『赤ちゃん学（Baby Science）』の進歩普及を図り、もって我が国の学術の発展と子どもの健全な発達に寄与する」とされている。
2）榊原洋一「赤ちゃん理解の急速な進歩と赤ちゃん学」産経新聞「新・赤ちゃん学」取材班『赤ちゃん学を知っていますか？──ここまできた新常識──』新潮社、2003年、346-353頁。
3）吉田さちね・黒田公美「親に運ばれるときに子が示す協調的反応──「輸送反応」の意義と神経機構──」『心身医学』第55巻第8号、2015年、958-966頁。
4）バイオフィードバック学習とは、脳波や心拍などを光や音に置き換えて本人が知ることで、心身状態を自律的に制御できるようにすることである。
5）Lonard J. A., Lee Y., Schulz L. E., Infants make more attempts to achieve a goal when they see adults persist. *Science*, 2017 Sep 22; 357 (6357): pp.1290-1294.

第3章　保育所・認定こども園における乳児保育

はじめに

　近年、都市部を中心とした待機児童の問題が大きくクローズアップされている。なかでも核家族化や女性の社会進出を背景とし、産後すぐに働きにでたい、あるいは働かなければいけない母親が増加しているなかで、待機児童数の8割以上が0歳から2歳であり[1]、乳児保育の充実が課題となっている。

　乳児保育を実施する施設として、保育所・認定こども園がある。保育所における乳児保育は長きにわたった歴史があるが、2006年から認定こども園制度が設立され、認定こども園も新たに乳児保育を実施する場となった。そのようななか厚生労働省「保育所保育指針」（以下、「保育指針」と略）及び内閣府・文部科学省・厚生労働省「幼保連携型認定こども園教育・保育要領」（以下、「教育・保育要領」）が2017年に改定（訂）され、それらのなかで新たに乳児保育に関する記載が設けられるなど、いずれにおいても乳児保育の重要性を示したものとなっている。そこで本章では保育所・認定こども園における乳児保育の理念と内容を踏まえ、現状と課題を明らかにすることを目的とする。なお、本章における認定こども園とは、幼保連携型認定こども園を中心に論じていく。

1　保育所・認定こども園における乳児保育の理念と内容

　保育所における乳児保育のはじまりは戦後1947年の児童福祉法が制定されてからである。児童福祉法第1条第1項および第2項において児童福祉の理念が規定され、同法第39条第1項において保育所は「日日保護者の委託を受けて、その乳児又は幼児を保育することを目的とする施設」と記され、保育所は児童福祉の理念に基づき児童の福祉の向上を図るための児童福祉施設として規定されたのである。では保育所とはどのような施設であろうか。

保育所保育の運営にあたっては、そのガイドラインである「保育指針」がある。「保育指針」は1965年に初めて制定された後、1990年、1999年、2008年、そして2017年の4回にわたって改定（訂）されてきている。2017年改定の「保育指針」「1 保育所保育に関する基本原則（1）保育所の役割」では、保育所は、「入所する子どもの最善の利益を考慮し、その福祉を積極的に増進することに最もふさわしい生活の場でなければならない」ことが示されるとともに、保育に関する専門性を有する職員、すなわち保育士が、「子どもの状況や発達過程を踏まえ、保育所における環境を通して、養護及び教育を一体的に行う」ことが改めて述べられている。また、「（2）保育の目標」においては「保育所は、子どもが生涯にわたる人間形成にとって極めて重要な時期に、その生活時間の大半を過ごす場である」ことから、保育士の養護が十分に行き届いた下で、基本的な生活習慣や道徳性、豊かな心情や言葉を培うことが目的とされている。

　特に、「第2章　保育の内容」においては、「乳児保育に関わるねらい及び内容」が新設され、その発達時期から「特定の大人との応答的な関わりを通じて、情緒的な絆が形成されるといった特徴」があり、「愛情豊かに、応答的に行われることが特に必要」であることが明記された。さらに「1歳以上3歳未満児の保育に関わるねらい及び内容」においても「保育士等は、子どもの生活の安定を図りながら、自分でしようとする気持ちを尊重し、温かく見守るとともに、愛情豊かに、応答的に関わることが必要である」と記されている。すなわち、乳児期という心身の発達が著しく、個人差の大きい段階において、専門性を保持した保育士が子ども1人1人の発育状況、生活のリズムに応じて愛情豊かな応答的な関わりを実施していくことが保育所には求められているといえる。

　では、認定こども園においてはどうであろうか。認定こども園とは2006年6月「就学前の子どもに関する教育、保育等の総合的な提供の推進に関する法律」により成立し、同年10月から制度化された施設である。地域社会の変化や保育ニーズが多様化していくなかで既存の制度では対応できないことや幼児教育・保育を行う施設と小学校との連携強化の必要性が指摘されるなか、認定こども園制度では、「就学前の子どもに対して教育及び保育並びに保護者に対する子育て支援を総合的に提供する機能を提供する施設」として、幼稚園型、保育所型、幼保連携型、地方裁量型の4つが設置された。[2)] 幼保連携型認定こども園における「教育・保育要領」においては、これは、すなわち乳児を中心とした待機児童解消を大きな目的としたものであったが、幼稚園においては乳児保育の

経験不足や乳児室、調理室といった新たな施設、設備の設置・改善を必要とする場合が多く、財政上の問題もあり、設置数はあまりのびなかった。[3]

　幼保連携型認定こども園は、全ての子どもに対し「教育・保育」を提供する「学校」であり「児童福祉施設」である。2017年改訂の「教育・保育要領」の「第1章　総則」「第3　幼保連携型認定こども園として特に配慮すべき事項」では、「0歳から小学校就学前までの一貫した教育及び保育を園児の発達や学びの連続性を考慮して展開していくこと」とされており、3歳児から入園する子どもに配慮した学級編制が求められている。また乳児期においては、「特に、健康、安全や発達の確保を十分に図る」とともに、在園時間の異なる園児が一緒に過ごしていると現状を受け、「在園時間が異なることや、睡眠時間は園児の発達状況や個人によって差があることから、一律とならないよう配慮すること」や「活動と休息、緊張感と解放感等の調和を図るとともに、園児に不安や動揺を与えないようにする等の配慮を行うこと」といったことが示されている。また「乳児期の園児の保育に関するねらい及び内容」が新設され、そのなかにおいて基本的事項とねらい及び内容が定められた。これは「保育指針」における「乳児保育に関わるねらい及び内容」とほぼ同様の内容となっている。すなわち、認定こども園においては、乳児期に必要とされる愛情豊かな関わりを土台にしながらも1人1人の家庭環境の違いから生じる多様な時間や経験に合わせた対応の仕方が求められているといえるだろう。

2　保育所・認定こども園における乳児保育の現状

　では、保育所及び認定こども園における乳児保育の現状はどのようなものだろうか。厚生労働省によると、2017年現在、保育所等の数は全体で3万2793園と過去最高となっている。[4] この内訳をみると、保育所が2万3410園、幼保連携型認定こども園が3619園、幼稚園型認定こども園が871園、特定地域型保育事業が4893園であり、保育所と認定こども園とで全体の8割以上を占める。定員は約267万人であるのに対し、利用している子どもの数は約245万人となっている。**表3-1**をみると、保育所等の利用率は42.4％であり、3歳未満児は35.1％、なかでも1・2歳児は45.7％となっており、1・2歳児の利用が高くなっていることがわかる。また、**表3-2**から3歳未満児の待機児童率は88.6％であり、そのうち1・2歳児が71.7％を占めている。これはすなわち、1・2歳

表3-1　年齢区分別の保育所等利用児童の割合（保育所等利用率）

	平成29年4月	平成28年4月
3歳未満児（0～2歳）	1,031,486人（35.1%）	975,056人（33.1%）
うち0歳児	146,972人（14.7%）	137,107人（14.3%）
うち1・2歳児	884,514人（45.7%）	837,949人（42.2%）
3歳以上児	1,515,183人（49.3%）	1,483,551人（47.7%）
全年齢児計	2,546,669人（42.4%）	2,458,607人（40.6%）

注：保育所等利用率：当該年齢の保育所等利用児童数÷当該年齢の就学前児童数。
出典：厚生労働省ホームページ「保育所等関連状況取りまとめ（全体版）」。

表3-2　年齢区分別の利用児童数と待機児童数

	29年利用児童	29年待機児童
低年齢児（0～2歳）	1,031,486人（40.5%）	23,114人（88.6%）
うち0歳児	146,972人（5.8%）	4,402人（16.9%）
うち1・2歳児	884,514人（34.7%）	18,712人（71.7%）
3歳以上児	1,515,183人（59.5%）	2,967人（11.4%）
全年齢児計	2,546,669人（100.0%）	26,081人（100.0%）

注：利用児童数は、全体（幼稚園型認定こども園等、地域型保育事業等を含む）。
出典：厚生労働省ホームページ「保育所等関連状況取りまとめ（全体版）」。

児の受け皿が十分ではないことを示したものであろう。例えば、この受け皿の1つとして進められている認定こども園への移行にあたっては、幼稚園、保育所とも施設整備や人件費等に関する不安や課題がある一方で、希望するすべての子どもに一体的に幼児教育・保育を一体的に提供できることや0～5歳児までの育ちを一貫して支えることができる等といった期待もある[5]。しかし、幼稚園から移行した認定こども園にとっては、幼保連携型、幼稚園型ともに、「3号認定」（3歳未満の保育を必要とする）の子どもの定員を設けないことも認められているため待機児童の解消はもとより、乳児保育の充実に資するものとなりえているかは疑問視されるところである。

　では、その受け皿としての保育士の現状はどうだろうか。「児童福祉施設の設備及び運営に関する基準」第33条によると、保育所には、保育士、嘱託医及び調理員を置かなければいけないとされ、保育士の数は0歳児おおむね3人に

1人以上、1・2歳児おおむね6人につき1人以上と定められている。また、認定こども園においては、幼稚園教諭免許状と保育士資格を保持した保育教諭が担当することとなっており、その配置基準は保育所に即したものとされている。実際の業務に対する意見として、東京都保育士実態調査報告書（2014年）[6]によると、現在の職場への改善希望内容として、「給与・賞与等の改善」が59.0％と一番多く、次いで、「職員数の増員」が40.4％、「事務・雑務の軽減」が34.9％となっており、労働条件や職場への不満の高さが見受けられる。

3　今後に向けての課題

　では、今後どのような課題があるだろうか。ここでは2点指摘しておきたい。
　1点目は、担当制も含めた保育士配置の強化である。前述してきたように、乳児という時期は愛着関係形成の重要な時期とされる。そのためには子ども1人1人に丁寧に対応していくことが求められる。2017年改定の保育指針において新たに盛り込まれた「乳児保育に関わるねらい及び内容」（3）「保育の実施に関わる配慮事項　イ」において、「一人一人の子どもの成育歴の違いに留意しつつ、欲求を適切に満たし、特定の保育士が応答的に関わるように努めること」とあるように、個人差が大きい乳児は授乳、睡眠、排泄、着替えといった基本的生活習慣においても子どもによって時間的なタイミング、抱っこの仕方、語りかけなど関わり方が異なってくる。また、体調の変化が激しい乳児のいつもと違う異変に敏感に気づくことも保育士の重要な役目である。そのためには保育士が業務に追われることなく、子どもと関わることができる精神的・身体的ゆとりが必要であろう。村山祐一は、現在の保育士配置基準である総定数基準に対し、「子どもの心理的・情緒的安定を妨げ、心身の発達に深刻な影響を与えかねない」[7]と警鐘を鳴らしている。近年の保育士不足のなかでその配置基準を考えるにあたっては、保育士の処遇改善や労働環境改善など保育人材の育成も含めた検討が求められている。
　2点目は、乳児保育を実施する保育士の専門性とはいかなるものかを検討していくことである。乳児保育と一口にいっても、乳児の発達は著しく、0歳から2歳のそれぞれの年齢、月齢によって異なる特徴がある。また、そこで求められる知識や技術は福祉分野だけでなくアレルギーや感染症といった医療・保健分野にも拡がるものである。保育の質がその後の子どもの成長・発達に多大

な影響を与えることは様々な研究で示唆されているところであるが、これまで保育実習以外では乳児に触れたこともない、あやしたこともない、という新人の保育者がいると耳にするとき、そこに求められる専門性の基礎は十分に培われているのだろうかと不安を抱かざるをえない。池本美香は保育の技能と多様な専門性、すなわち保育の質を向上させていくためには、多段階の資格の創設および専門性に基づく資格の創設が必要であることと述べている[9]。乳児保育においてもその専門として、より高度な知識と技術を持った保育士の存在が必要であろう。そして専門性を持った保育士育成のための取り組みが今後求められているのではないだろうか。

おわりに

保育所に入園できなかった母親が投稿したブログによって乳児保育の量的拡充が社会的な問題となったのは記憶に新しいところであろう。しかし、子どもの生活や育ち、権利保障の観点からみるとそこには量の拡充だけでなく、保育の質が求められる。将来を見据えた取り組みを期待したい。

[演習問題]
1．保育所における乳児保育について調べてみよう。
2．認定こども園における乳児保育について調べてみよう。
3．乳児保育で必要とされる専門性とはどのようなものか考えてみよう。

注
1）厚生労働省ホームページ「待機児童の解消に向けた取組の状況について」（http://www.mhlw.go.jp/file/04-Houdouhappyou-11907000-Koyoukintoujidoukateikyoku-Hoikuka/0000176134.pdf　2017年10月1日最終確認）。
2）幼稚園型は、認可幼稚園が「保育を必要とする」子どものための時間を確保するなど保育所としての機能を持つ。保育所型は認可保育所が「保育を必要とする」乳幼児以外の子どもを私的契約等により受け入れ、幼稚園的な機能を持つ。幼保連携型は認可保育所と幼稚園が連携した一体的な運営を実施する。地方裁量型は幼稚園・保育所いずれの認可も無い保育施設が、地域自治体の判断で独自の設置基準に基づき認定こども園としての機能を果たすとされている。
3）櫻井慶一「「認定こども園」法の改正とその課題の一考察——保育所制度の今後のあ

り方との関連で——」『生活科学研究』第36号、2014年、8頁。
4）厚生労働省ホームページ「保育所等関連状況取りまとめ（全体版）」（http://www.mhlw.go.jp/file/04-Houdouhappyou-11907000-Koyoukintoujidoukateikyoku-Hoikuka/0000176121.pdf　2017年10月1日最終確認）。
5）ベネッセ教育総合研究所「第4章認定こども園への移行　第2回幼児教育・保育についての基本調査　報告書」（http://berd.benesse.jp/up_images/textarea/09_1.pdf　2017年11月3日最終確認）。
6）東京都福祉保健局「東京都保育士実態調査報告書」（http://www.mhlw.go.jp/file/05-Shingikai-11901000-Koyoukintoujidoukateikyoku-Soumuka/s.1_3.pdf　2017年10月1日最終確認）。
7）村山祐一『たのしい保育園に入りたい！——子どもの視点をいかした保育制度改革への提——』新日本出版社、2011年、117頁。
8）例えば、アメリカにおけるペリー就学前教育やアベセダリアンプロジェクトなどの長期研究がある。
9）池本美香「保育士不足を考える——幼児期の教育・保育の提供を担う人材供給の在り方——」『JRIレビュー』第9巻、2015年、26頁。

参 考 文 献

伊藤良高・伊藤美佳子『新版　子どもの幸せと親の幸せ——未来を紡ぐ保育・子育てのエッセンス——』晃洋書房、2017年。

伊藤良高・下坂剛編『人間の形成と心理のフロンティア』晃洋書房、2016年。

汐見稔幸監修・中山昌樹『認定こども園がわかる本』風鳴舎、2015年。

第4章 乳児院における乳児保育

はじめに

　近年、乳幼児を取り巻く家庭や地域社会が大きく変化する中で、すべての子どもに良質な成育環境を保障し、子どもを大切にする社会の実現が求められている。こうした社会を実現させていくために用意された仕組みを社会的養護という。すなわち、社会的養護とは、「保護者のない児童や、保護者に監護させることが適当でない児童を、公的責任で社会的に養育し、保護するとともに、養育に大きな困難を抱える家庭への支援を行うこと」であり、「子どもの最善の利益のために」と「社会全体で子どもを育む」ことを理念としている。かつては、親が無い、親に育てられない子どもへの支援であったが、虐待を受けて心に傷を持つ子ども、何らかの障がいがある子ども、DV被害の母子などへの支援を行う施策へと役割が変化している。

　本章では、多様化する養護ニーズに対応すべく、その役割の多機能化が求められている乳児院の実践内容を再考し、そこで生活をしている子どもたちや保護者の現状と課題を整理しながら、今求められる乳児保育のあり方や職員の資質について述べていきたい。

1　乳児院で生活する子どもたちと保護者の現状

　乳児院は、児童福祉法第37条において、「乳児（保健上、安定した生活環境の確保その他の理由により特に必要のある場合には、幼児を含む。）を入院させて、これを養育し、あわせて退院した者について相談その他の援助を行うことを目的とする施設」と定義されている。また、第48条の2で、「地域の住民に対して、児童の養育に関する相談に応じ、助言を行うよう努める役割も持つ」と地域の子育て支援の役割も求められている。

2015年1月、厚生労働省雇用均等・児童家庭局が発表した「児童養護施設入所児童等調査結果」によれば、乳児院に入所している乳幼児は3147人となっている（表4-1参照）。養護問題発生理由の主たるものは、「父又は母の精神疾患等」、「父又は母の放任・怠惰」、「父又は母の虐待・酷使」、「養育拒否」などである。加えて、若年・未婚の母、借金などの生活上の困難、孤立などの様々な問題を抱えており、入所から退所後に至る保護者への支援は乳児院の重要な課題といえる。そうした養育環境で育った子どもたちは、入所当初から心身に何らかの問題を抱えている場合が多く、入所児の約半数が病児・虚弱児、障がい児、被虐待児である。発達上困難を抱える子どもは、年齢的に診断名がつかないが「育てにくさ」という養育上の課題をもっているため、手厚いかかわりが必要となる。また、疾病や障がいなどを抱える子どもは、その子どもの状態に応じて医療的・療育的ケアと養育に個別的な対応をすることが求められる。入所後の乳児院のリハビリや病院の通院件数や入院件数は年々増加している現状にある。[2)]

　上述した入所の理由は単純ではなく、複雑かつ重層化している。例えば、主たる理由が改善されたとしても別の課題が明らかになることも多いため、家庭環境の調整は丁寧に行う必要がある。また、乳児院は児童相談所の一時保護所を経由せずに直接入所するため、入所後にネグレクトが判明することも多い。加えて、虐待を受けて乳児院に入所した直後の乳幼児は、表情が硬いことや笑

表4-1　被虐待経験の有無及び虐待の種類

種類 区分	総数(人)	虐待経験あり	身体的虐待	性的虐待	ネグレクト	心理的虐待	虐待経験なし	不明
里親委託児	4,534	1,409	416	71	965	242	2,798	304
養護施設児	29,979	17,850	7,498	732	11,367	3,753	10,610	1,481
情緒障害児	1,235	879	569	70	386	275	318	38
自立施設児	1,670	977	590	45	525	287	589	104
乳児院児	3,147	1,117	287	1	825	94	1,942	85
母子施設児	6,006	3,009	1,037	102	617	2,346	2,762	235
ファミリーホーム児	829	459	189	45	292	134	304	66
援助ホーム児	376	247	131	38	124	96	89	38

出典：厚生労働省雇用均等・児童家庭局「児童養護施設入所児童等調査結果」2015年1月。

顔が少ないことに加え、夜驚がしばしば起こることもある。自身の思いを言語化できないことが多いため、表情などから気持ちを汲み取り、注意深く接していくことが大切となる。

養育の第一歩は「よく生まれた、よく今日まで生きてきた」と、まず理屈抜きで子どもの存在をあるがままに受け止めることである。たとえ行動上の問題を呈している子どもであっても、そうならざるを得なかった背景や必然性をどれだけ的確に深く、その子どもに身を添わせる心持ちで理解できるかが養育の場では常に問われている。[3]

2　乳児院における乳児保育の理論と実践

乳児院では、子どもを一時的に預かるという機能も持ち合わせていることから保育園と同じであると誤解されることがあるが、乳児院は「子どもたちの日常的な生活の場」であるため保育園とは異なる。加えて、乳幼児を保育するだけではなく、24時間365日体制で子どもたちを育てていくため、子どもが安全・安心できる一番の場所としての機能・役割を持つことが求められる。また、乳児院は言葉で意思表示できず1人では生きていくこと、生活することができない乳幼児の生命を守り養育するところである。乳幼児は生理的に脆弱で心身の発育・発達が著しく、1人1人の状況を見極めた適切な養育を必要とする。乳児院における養育は、入所期間だけでなく「生涯」にわたる人間形成の基礎を培うという長きにわたる視点を持って行われている。

こうしたことをふまえ、乳児院では以下の3点を養育の基本としている。すなわち、① 子どもの心に寄り添いながら、子どもとの愛着関係を育む、② 子どもの遊びや食、生活体験に配慮しながら豊かな生活を保障する、③ 子どもの発達を支援する環境を整える、ことである。具体的に説明すると、①は、保護者から離れて暮らす乳幼児の心身の成長を図るために、特定の大人との愛着関係を築くことが必要である。そのため、日常の養育において「担当養育制」を行い、特別な配慮が必要な場合を除いては基本的に入所から退所まで一貫した担当制にしていることが多い。また、被虐待経験のある乳幼児など特別な配慮が必要な乳幼児に対しては、個々の状態に応じた関係づくりも求められる。②については、個々に応じて柔軟に遂行される日々のいとなみを心がけ、安全で使いやすい遊具、満足しきれる養育者との遊びの時間や自然と触れ合える外

遊びを養育者との十分な交流を交えて提供しつつ、他児と区別された「自分のもの」といえる玩具、食器、衣類、戸棚など個別化を図っている。③については、養育者とともに時と場所を共有・共感し、応答性のある環境の中で、生理的・心理的・社会的に欲求が充足され、家族や地域社会と連携を密にし、豊かな人間関係を培い社会の一員として参画できる基礎づくりを図っている。

このように、養育者は担当児に対して全面受容を基本としつつ、発達支援のための環境整備や意図的な働きかけを行っている[4]。また、個々の子どもの状態や家庭的背景を知った上で、子どもをあたたかく受け入れ、適切な養育を行うことで子どもたちは職員に対して安心と信頼を抱ける存在になっていく。

2011年7月、厚生労働省・児童養護施設等の社会的養護の課題に関する検討委員会・社会保障審議会児童部会社会的養護専門委員会がとりまとめた「社会的養護の課題と将来像」は、「乳幼児期の集団養育や交代制による養育は、心の発達への負の影響が大きいことから、養育単位の小規模化を推進し、落ち着いた雰囲気で安定した生活リズムといとなみによって、養育担当者との個別的で深い継続的な愛着関係を築き、乳幼児期からの非言語的コミュニケーションにより、情緒、社会性、言語をはじめ、全面的な発達を支援していく」と指摘している。すなわち、養育単位の小規模化や家庭的養護の推進による施設の地域化である。家庭生活に近い環境を作り出すには施設の小規模化が必要となる。さらに、地域社会との付き合いを通して豊かな人間性が構築されることを考慮しなければならない[5]。そこでは単に施設の小規模化だけでなく、1つの家庭として地域に存在を認知されることが求められている。そうすることにより、公的機関、専門職、地域住民が子どもを取り巻く環境に関心を示し、より可視化していくことが子どもの最善の利益に繋がる近道といえる。

3 乳児院に求められるソーシャルワーク機能

社会的養護に携わる者としてソーシャルワーク機能を高めていくことは必須である。乳児院の支援は、子ども・家族との出会いから退所後の支援までの一連の支援過程に沿って展開される。具体的には、インテーク（情報収集・関係形成）、アセスメント（事前評価）、アドミッションケア（入所直後の支援）、インケア（日常生活支援）、リービングケア（退所に向けた支援）、アフターケア（退所後の支援）といった流れで、支援の一貫性・継続性・連続性というトータルなプロ

セスを確保していくことが求められる。

　こうした支援を展開する中で、親子関係の再構築を見据えた支援も行う。例えば、様々な事情によって余儀なく分離された子どもたちと保護者に対し、家庭復帰や家族再統合を図るため、乳児院では1999年、児童養護施設においては2004年より、家庭支援専門相談員（ファミリーソーシャルワーカー）が配置されるようになった。ここでは、不適切なかかわりを受けた子どもだけでなく、不適切なかかわりをする親を含めた家族全体への支援が期待され、入所前から退所後までの総合的調整を担うことが求められている。子どもの方から声をあげてSOSを発することは難しいため、子どもの状態を一番近くで理解している乳児院の職員が、子どもの代弁者として面会、外出、外泊後の子どもや親の状態などを正確かつ客観的に観察し、関係機関に報告すると共に、関係機関との連携を密に行って家族を支援することが大切であり、家庭引き取り後も継続した支援・見守りを行うようにする。その際の留意点として、保護者の子育ての不安、家庭生活の困難感、子育てのあり方を含めた悩みや抱えた課題を受け止め、解決に向けた手立てを一緒に考えるためにカウンセリングやコンサルテーションを行い、具体的な資源を提供していくことが求められる。また、乳児院は里親支援の中心的拠点として地域支援機能が期待されている。家庭支援専門相談員に加えて里親支援専門相談員が、自らの施設の措置児童の里親委託を推進するのみならず、希望する地域の里親を登録して相談やレスパイトを行うなど継続的な支援体制を強化していくことが求められている。

　2017年8月、厚生労働省・新たな社会的養育の在り方に関する検討会は「新しい社会的養育ビジョン」（以下、「ビジョン」と略）を発表し、就学前の子どもの家庭養育原則を実現するため、「実親支援や養子縁組の利用促進を進めた上で、愛着形成等子どもの発達ニーズから考え、乳幼児期を最優先にしつつ、フォスタリング機関の整備と合わせ、全年齢層にわたって代替養育としての里親委託率（代替養育を受けている子どものうち里親委託されている子どもの割合）の向上に向けた取組を今から開始する。これにより、愛着形成に最も重要な時期である3歳未満については概ね5年以内に、それ以外の就学前の子どもについては概ね7年以内に里親委託率75％以上を実現し、学童期以降は概ね10年以内を目途に里親委託率50％以上を実現する（平成27年度末の里親委託率（全年齢）17.5％）」と指摘している。

　同ビジョンにおいては、「実現に向けた工程」に就学前の子どもの、原則と

して施設への新規措置入所の停止や、特別養子縁組・里親委託の数値目標、施設入所期間の限定化などを明確にしているため、児童福祉施設の現場には大きな驚きや戸惑いが広がり、現に養育を担っている職員はもちろん、これから子どもたちの養育に携わろうと考えている者たちにも計り知れない影響を与えている。今後、乳児院は多機能化・機能転換し、その機能にあった名称に変更していくなど、これまでにない転換期を迎えようとしている。

おわりに

　乳児院を退所した子どもたちは、家庭への復帰、里親委託、児童養護施設への措置変更など様々な人生がある。特に、虐待を受けた子どものその後の人生は、厳しく険しいものと思われる。そうした人生を生き抜くためにも、「愛された実感を持つことができる」乳児院での生活体験を大切に繋げ、どのような場合であっても子どもの最善の利益の視座で安全・安心な養育環境が提供され、養育者と確かな信頼関係が構築されることを願ってやまない。

　演習問題
1. 乳児院で生活をする子どもたちと保護者の現状について整理してみよう。
2. 乳児院における養育の在り方を考えてみよう。
3. 乳児院で働く職員の資質について考えてみよう。

注
1) 児童養護施設等の社会的養護の課題に関する検討委員会・社会保障審議会児童部会社会的養護専門委員会とりまとめ「社会的養護の課題と将来像」2011年。
2) 厚生労働省雇用均等・児童家庭局長通知『乳児院運営指針』2012年。
3) 社会福祉法人全国社会福祉協議会『子どもの育みの本質と実践――社会的養護を必要とする児童の発達・養育過程におけるケアと自立支援の拡充のための調査研究事業――（調査研究報告書）』全国社会福祉協議、2009年、109頁。
4) 山本朝美「心理職に求められるもの――乳児院から――」増沢高・青木紀久代編『社会的養護における生活臨床と心理臨床』福村出版、2012年、176頁。
5) 井村圭壯・相澤譲治編『児童家庭福祉の理論と制度』勁草書房、2011年、145頁。
6) 家庭復帰とは、子どもと家族が一つ屋根の下で一緒に暮らすことを意味することに対し、家族再統合とは、子どもと家族の関係性の修復を意味するものであり、必ずしも一

つ屋根の下で暮らすことだけを意味しない。
7）親子関係再構築支援ワーキンググループ『社会的養護関係施設における親子関係再構築支援事例集』2013年、43頁。

参 考 文 献
伊藤良高編著『第2版　教育と福祉の課題』晃洋書房、2017年。
庄司順一・鈴木力・宮島清編『子ども家庭支援とソーシャルワーク』福村出版、2011年。
中山正雄編『ファミリーソーシャルワークと児童福祉の未来――子ども家庭援助と児童福祉の展望――』中央法規出版株式会社、2008年。

第5章 家庭的保育・小規模保育における乳児保育

はじめに

　日本の子育て家庭を取り巻く環境は、核家族化の進展や地域のつながりの希薄化、保護者の就労・雇用環境の多様化など大きく変化している。そのなかで、児童虐待相談件数の増加や経済的・教育的格差の拡大に伴う子どもの貧困、根本的な解消には程遠い保育所等待機児童など様々な問題が生じている。

　うち、保育所等待機児童数については、2017年4月1日現在、全国に2万6081人おり、昨年同時期（2016年4月1日現在。2万3553人）より2528人増加している。低年齢児（0～2歳）が全体の9割弱（88.6％）を占めており、特に1・2歳児の割合が高くなっている（71.7％）。こうしたことから、低年齢児を対象とする保育所等保育施設の確保が喫緊の課題となっている。

　本章では、2015年4月より開始された子ども・子育て支援新制度における地域型保育事業としての家庭的保育事業及び小規模保育事業について、その現状と問題点、課題について検討していきたい。

1　子ども・子育て支援新制度と地域型保育事業

　子ども・子育て支援新制度（以下、「新制度」と略）を支えている「子ども・子育て関連3法」の中核をなす法律は、「子ども・子育て支援法」（2012年8月）である。同法は、端的には、「金銭の支給と受領に関する仕組みを定める法律」であるといってよいが、子ども・子育て支援の基本理念について、「父母その他の保護者が子育てについての第一義的責任を有するという基本的認識の下に、家庭、学校、地域、職域その他の社会のあらゆる分野における全ての構成員が、各々の役割を果たすとともに、相互に協力して行われなければならない」（第2条第1項）と述べ、その内容及び水準について、「全ての子どもが健やかに

成長するように支援するものであって、良質かつ適切なものでなければならない」(同条第2項)、また、「地域の実情に応じて、総合的かつ効率的に提供されるよう配慮して行われなければならない」(同条第3項)と明記している。

　すなわち、すべての子どもの心身ともに健やかな成長をめざして、当該地域における(子ども・子育て支援給付を含む)子ども・子育て支援に対して、質的にも量的にも十全な取り組みを進めていくことを求めているのである。そして、そのために、市町村等の責務として、子どもの健やかな成長のために適切な環境が等しく確保されるよう、子ども及びその保護者に必要な子ども・子育て支援給付及び地域子ども・子育て支援事業を総合的かつ計画的に行うことや、子ども及びその保護者が置かれている環境に応じて、子どもの保護者の選択に基づき、多様な施設または事業者から、良質かつ適切な教育及び保育その他の子ども・子育て支援が総合的かつ効率的に提供されるよう、その提供体制を確保することなどを求めている(第3条第1項第1号・第3号)。

　子ども・子育て支援新制度は、「幼児期の学校教育・保育、地域の子ども・子育て支援を総合的に進める仕組みを導入し、消費税率の引き上げによる財源によって、幼児教育・保育・子育て支援の質・量を充実させるものです[4]」、あるいは「質を確保しながら、保育等の量を増やし、待機児童問題の解消を目指します[5]」などと説明されている。その一翼として、「子ども・子育て支援法」において、「地域型保育」及び「地域型保育事業」の定義が示され、前者については、家庭的保育、小規模保育、居宅訪問型保育及び事業所内保育の4つをいい、また、後者については、地域型保育を行う事業をいうことと規定された(第7条第5項)。さらに、「子ども・子育て支援法」等の施行に伴う関係法律の整備の1つとして、児童福祉法改正(2012年8月)が行われ、家庭的保育事業の定義について所要の修正を行うこと(第6条の3第9項)や、小規模保育事業、居宅訪問型保育事業及び事業所内保育事業の定義規定を設けること(同第10〜12項)など、各種事業の定義・規制などに関する規定整備が図られた。また、保育の実施について、市町村の責務として、「保育を必要とする」(第24条第1項)児童に対し、保育所をはじめ、認定こども園または家庭的保育事業等により必要な保育を確保するための措置を講じなければならないとした(同第2項)。

2　家庭的保育事業、小規模保育事業の現状

　では、家庭的事業、小規模保育事業の現状はどうなっているのであろうか。厚生労働省は、児童福祉法第34条の16第2項の規定に基づき、地域型保育事業の仕組みに係る「家庭的保育事業等の設備及び運営に関する基準」（2014年4月。以下、「設備運営基準」と略）を定めている。同基準は、児童福祉法に市町村認可事業として位置づけられた家庭的保育事業等の趣旨について、「大都市部の待機児童対策、児童人口減少地域の保育基盤維持など地域における多様な保育ニーズにきめ細かく対応し、多様な主体が多様なスペースを活用して、乳幼児の健やかな成長を支援するものであり、市町村が認可した質の高い保育を提供するものである[6]」と述べている。また、内閣府子ども・子育て本部「みんなが、子育てしやすい国へ。すくすくジャパン！　子ども・子育て支援新制度について」（2017年6月）は、地域型保育事業の認可基準について、大要、**表5－1**のように示している。

　同資料によれば、小規模保育事業については、① 多様な事業からの移行を想定し、A型（保育所分園、ミニ保育所に近い類型）、C型（家庭的保育（グループ型小規模保育）に近い類型）、B型（中間型）の3類型を設け、認可基準を設定する。② 特に、B型については、様々な事業形態からの移行が円滑に行われるよう、保育士の割合を2分の1以上としているが、同時に、小規模な事業であることに鑑み、保育所と同数の職員配置とせず、1名の追加配置を求めて、質の確保を図る。③ 保育士の配置比率の向上に伴い、きめ細かな公定価格の設定とすることで、B型で開始した事業所が段階的にA型に移行するよう促し、さらに質を高めていくこととしている、また、家庭的保育事業等については、従前の事業からの移行や、それぞれの事業形態、特性等を踏まえ、基準を設定する、と説明している。しかしながら、地域型保育事業に対しては、「保育士配置や給食等において、認可保育所に比べて低い基準となっており、子どもの受ける保育に格差が持ち込まれている[7]」、「決して十分とはいえない認可保育所の基準をさらに下回るような地域型保育は、多くの矛盾を抱えている[8]」などといった批判が出されている。

　2016年4月1日現在、地域型保育事業の件数は全国で3719件となり、前年と比べて979件の増加となっている。その内訳としては、家庭的保育事業958件（前

表5-1　地域型保育事業の認可基準について（抜粋）

事業類型 ※（　）は認可定員	職員数	職員資格	保育室等	給食
小規模保育事業 （6～19人）	A型　保育所の配置基準＋1名	保育士(注1)	0,1歳児 1人当たり3.3㎡ 2歳児 1人当たり1.98㎡	自園調理（連携施設等からの搬入可） 調理設備 調理員
	B型　保育所の配置基準＋1名	1／2以上保育士(注1)		
	C型　0～2歳児 3：1（補助者を置く場合、5：2）	家庭的保育者(注2)	0～2歳児 1人当たり3.3㎡	
家庭的保育事業 （1～5人）	0～2歳児 3：1 家庭的保育補助者を置く場合、5：2	家庭的保育者 （＋家庭的保育補助者）	0～2歳児 1人当たり3.3㎡	※家庭的保育事業については、3名以下の場合、家庭的保育補助者を置き、調理を担当すること可。
事業所内保育事業	定員20名以上…保育所の基準と同様 定員19名以下…小規模保育事業A型、B型の基準と同様			
居宅訪問型保育事業	0～2歳児 1：1	必要な研修を修了し、保育士、保育士と同等以上の知識及び経験を有すると市町村が認める者		

注1：保健師、看護師または准看護士の特例あり（2015年4月以降は准看護士も対象）。
注2：市町村が行う研修を修了した保育士、保育士と同等以上の知識及び技術を有すると市町村長が認める者。

年27件増）、小規模保育事業2429件（同774件増）、居宅訪問型保育事業9件（同5件増）、事業所内保育事業323件（同173件増）となっている。小規模保育事業、なかでもA型の増加（前年比146.8％増）が著しい（表5-2）。

　また、設置主体別でみれば、家庭的保育事業については、「個人」が756件と8割近く（78.9％）を占め、以下、「公立」117件（12.2％）、「社会福祉法人」31件（3.2％）、「その他」24件（2.5％）、「ＮＰＯ」13件（1.4％）、「株式会社・有限会社」13件（1.4％）などと続いている。また、小規模保育事業（A型・B型・C型合計）については、「株式会社・有限会社」が1015件と4割以上（41.8％）を占め、「個人」470件（19.3％）、「社会福祉法人」363件（14.9％）、「ＮＰＯ」254件（10.5％）などの順となっている。家庭的保育事業、小規模保育事業ともに、公立（市町村）以外に、個人や株式会社・有限会社など、多様な事業主体が参入していることが読み取れる。

表5-2　地域型保育事業の件数の推移

(単位:件)

年	家庭的保育事業	小規模保育事業				居宅訪問型保育事業	事業所内保育事業	計
		小計	A型	B型	C型			
2015年	931	1,655	962	572	121	4	150	2,740
2016年	958	2,429	1,711	595	123	9	323	3,719
対前年差	+27	+774	+749	+23	+2	+5	+173	+979

注:年は、各年4月1日現在。件数は、自治体が設置した件数及び認可した件数。
出典:厚生労働省「地域型保育事業の件数について」2017年。

3　家庭的保育事業、小規模保育事業をめぐる課題

　では、家庭的保育事業、小規模保育事業をめぐる課題とは何であろうか。以下では、2点指摘しておきたい。
　第1点は、家庭的保育事業、小規模保育事業における保育従事者としての資格(認定資格)付与またはその資質・能力形成のあり方についてである。
　家庭的保育事業に従事する者は、表5-1にあるように、「家庭的保育者」または「家庭的保育補助者」と呼ばれている。前者については、市町村長が行う研修(市町村長が指定する都道府県知事その他の機関が行う研修を含む)を修了した保育士または保育士と同等以上の知識及び経験を有すると市町村長が認める者であって、①保育を行っている乳幼児の保育に専念でき、②児童福祉法第18条の5各号及び同法第34条の20第1項第4号の欠格要件のいずれにも該当しない者、のいずれの要件も満たす者、また、後者については、前者を補助するものとして、市町村長が行う研修(市町村長が指定する都道府県知事その他の機関が行う研修を含む)を修了した者と規定されている。[11]
　ただし、新制度の実施にあたり、多様な子育て支援分野における支援の担い手として「子育て支援員」が創設され、地域において子育て支援の仕事に関心を持ち、子育て支援分野の各事業等に従事することを希望する者を対象に、厚生労働省「子育て支援員研修事業実施要綱」(2015年5月)に基づいた研修を修了し、「子育て支援員研修修了証書」の交付を受けたことにより、子育て支援分野の各事業等に従事するうえで必要な知識、技術等を修得したと認められる者にあっては、家庭的保育事業の家庭的保育補助者や小規模保育事業B型の保

育士以外の保育従事者、小規模保育事業Ｃ型の家庭的保育補助者として従事できるようになった。

　上記の研修は、子育て支援分野の各事業等に共通する内容としての「基本研修」（8科目・8時間）をベースに、4つあるコースの1つである「地域保育コース」に属する家庭的保育事業及び小規模保育事業にあっては、「専門研修」として、共通科目（12科目・15〜15.5時間）及び専門科目（6科目・6〜6.5時間＋見学実習・原則2日以上）が組まれている。保育士や社会福祉士、その他国家資格（幼稚園教諭、看護師等）を有し、かつ、日々子どもと関わる業務に携わっている者については、基本研修を免除しても差し支えないこととなっている。

　こうした仕組みは、地域の実情やニーズに応じて、自らの子育て経験や職業経験など多様な経験を有する地域の人材を発掘し育成するという面では、一定期待される向きもあるであろう。しかしながら、問題は、それがはたして、国の文書が述べているように、「一人一人の子どもが健やかに成長することを支援する」ことにつながっていくものであるかどうかである。保育所を含め、「確保が困難になった保育士の代わりに、そうした多様化した『資格』者（ここでいう「家庭的保育者」、「子育て支援員」などを指す。引用者注）を活用しようとしている」といった批判も出されているが、僅かな科目数と短時間の研修により、家庭的保育事業、小規模保育事業において最低限必要とされる知識、技術、倫理を修得した保育従事者を確保していくという方策を、新制度の趣旨の1つとされている「保育の質の向上」ないし「質の高い保育の提供」という観点から見直していくことが大切であろう。

　第2点は、家庭的保育事業、小規模保育事業による保育の提供の終了後における「連携施設」のあり方についてである。

　家庭的保育事業、小規模保育事業を利用している保護者は、その子どもが満3歳になれば、原則として退園し、新たな入園先を探さなければならない。「設備運営基準」によれば、「利用乳幼児に対する保育が適正かつ確実に行われ、及び、家庭的保育事業者等による保育の提供の終了後も満3歳以上の児童に対して必要な教育又は保育が継続的に提供されるよう、①　③までに掲げる事項（「保育内容の支援」「代替保育の提供」「卒園後の受け皿の設定」を指す。引用者注）にかかる連携協力を行う保育所、幼稚園又は認定こども園（以下「連携施設」という。）を適切に確保する必要がある」と示されている。しかしながら、現実には、「3歳の壁」と呼ばれるように、連携施設を確保することが厳しい状況にある。

白幡久美子・林陽子は、待機児童の多い地域の1つであるA市における小規模保育事業所をめぐる実態分析を通して、「小規模保育事業所を利用する保護者の懸念のひとつは、3歳以降の保育所入所の保障がないことである[17]」、「『3歳の壁』は保護者にとっても簡単には解消できない重大事項であるが、受け入れる事業所にとっても深刻である[18]」と述べ、3歳児の保育の受け皿の確保が重要な課題の1つであると指摘している。こうしたことは、連携施設が「確保されている」とする小規模保育所にとっても同様に、深い影を落としているといわざるをえない。例えば、筆者が訪問したことのあるB市の小規模保育所にあっては、連携施設までの距離が相当あるため、乳幼児の合同保育が簡単には行えないことや、卒園後も、保護者の居住地や通勤事情などにより連携施設をうまく利用することができていないように感じられる。同一法人による運営であったり、公立施設を連携施設として設定したりすることなどができなければ、「3歳の壁」という問題を解消することはなかなか難しいであろう。

　上述した状況のなかで、2017年度より、「サテライト型小規模保育事業」が創設され、保育所等において3歳以降の子どもの受入れを重点的に行い、小規模保育事業所等と積極的に接続を行った場合、当該保育所等にインセンティブが付与（費用の一部が補助）されている。3歳未満児の受入れを強化するとともに、3歳以降の受入れを重点化することは、子どもと保護者にとって安定した継続的な保育を保障するうえで不可欠な取り組みの1つであり、今後の動きが注目されるといえよう。

おわりに

　2017年3月に厚生労働省「保育所保育指針」が改定され、2018年4月から全国の保育所に適用されている。同指針では、その改定の要点の1つとして、乳児・1歳以上3歳未満児の保育に関する記載の充実が図られている。乳児保育については、この時期の発達の特性を踏まえ、生活や遊びが充実することを通して、子どもたちの身体的・社会的・精神的発達の基盤を培うという基本的な考え方のもと、乳児を主体に、「健やかに伸び伸びと育つ」、「身近な人と気持ちが通じ合う」、「身近なものと関わり感性が育つ」という3つの視点から、保育の内容等が記載されている。こうしたことがらは、小規模保育や家庭的保育等の地域型保育事業や認可外保育施設にもおいても同様に求められており、地域

における子どもの健やかな発達を支える場として、家庭的保育事業、小規模保育事業における乳児保育の内容をさらに充実していくことが望まれる。

  演習問題
1．自分の住んでいる市町村における小規模保育事業と家庭的保育事業の状況について調べてみよう。
2．家庭的保育事業・小規模保育事業の意義について考えてみよう。
3．家庭的保育事業・小規模保育事業の問題点と課題について考えてみよう。

注
1）厚生労働省「保育所等関連状況取りまとめ（平成29年4月1日）」2017年。
2）同上。
3）田村和之・古畑淳編『子ども・子育てハンドブック』信山社、2013年、6頁。
4）内閣府「子ども・子育て支援新制度に関するQ＆A」2012年。
5）同上。
6）厚生労働省雇用均等・児童家庭局長「家庭的保育事業等の設備及び運営に関する基準の運用上の取扱いについて（通知）」2014年。
7）藤井伸生「地域型保育（家庭的・小規模・事業所内・居宅訪問型保育）事業」全国保育団体連絡会／保育研究所『保育白書2016年版』ひとなる書房、2016年、105頁。
8）同上。
9）厚生労働省「家庭的保育事業の設置主体別数」2016年。
10）同上。
11）注6）と同じ。
12）厚生労働省雇用均等・児童家庭局長「子育て支援員研修事業の実施について（通知）」2015年。
13）「専門研修」は、事業内容によって、「地域保育コース」、「地域子育て支援コース」、「放課後児童コース」、「社会的養護コース」に分かれている。うち、「地域保育コース」については、「地域型保育」、「一時預かり事業」、「ファミリー・サポート・センター」の3分類が設けられている。
14）厚生労働省雇用均等・児童家庭局総務課「子育て支援員研修の研修内容等の留意点について」2015年。
15）杉山〈奥野〉隆一「家庭的保育者、子育て支援員、放課後児童支援員——保育者の資格と養成（2）——」全国保育団体連絡会／保育研究所『保育白書2017年版』ひとなる書房、2017年、45頁。
16）注6）と同じ。

17）白幡久美子・林陽子「地域型保育事業における保育の質及び現状と課題」『中部学院大学・中部学院大学短期大学部　教育実践研究』第2巻、2017年、95頁。
18）同上。

参 考 文 献

伊藤良高・伊藤美佳子『新版　子どもの幸せと親の幸せ──未来を紡ぐ保育・子育てのエッセンス──』、晃洋書房、2017年。

伊藤良高・宮﨑由紀子・香﨑智郁代・橋本一雄編『保育・幼児教育のフロンティア』晃洋書房、2018年。

前田正子『みんなでつくる子ども・子育て支援新制度　子育てしやすい社会をめざして』ミネルヴァ書房、2014年。

保育研究所編『ポイント解説　子ども・子育て支援新制度──活用・改善ハンドブック──』ちいさいなかま社、2015年。

第6章　家庭・地域における乳児の育ちと子育て支援

はじめに

　これまで、子育ては家族の中で行われる私的ケアの領域とされてきたが、「子育ての社会化」と言われるように、現代では子育てに対し、社会的な支援が必要とされるようになった。少子化が叫ばれて久しく、私たちは乳児とふれあう機会や、間近で子育てを見聞きする体験が少なくなっている。初めて親になり、どのように子どもを育てればよいのか、また、変動が激しい昨今の養育環境にどのように適応していけばよいのか、多くの迷いや悩みを抱えざるを得ない。

　本章では、このような状況において、乳児や親に対して家庭や地域でどのような支援が必要とされ、また実際に行われているか、その現状と課題について概観する。

1　乳児期の子どもと居場所

　乳児は1人で生きていくことはできない。人間の他の哺乳動物と比べ、未成熟な状態で生まれてくる。ゆえに、依存対象としての養育者の存在が重要である。子どもはこの養育者をはじめ、人、場所、物など様々な環境とかかわりながら成長していく。おとなとの安心・安全な関係性と要求に対する適切な反応を経験し、乳児自らが能動的に外界にはたらきかけるという相互作用を通して健全に発達していくのである。特定の人と結ばれる心の絆である愛着の形成は、乳児期の発達課題であるとされ、人との基本的な信頼関係を築くための基盤として位置付けられている。この愛着対象は母親をはじめ父親、祖父母、きょうだいなどの親族、加えて子どもがかかわる施設や機関等の職員等、必ずしも血縁関係に限定されない。柏木惠子は、子どもにとってよりよい子育ち環境とは、おとなが「子どもを観て、気持ちや特性を尊重し、応答的な対応をするこ

と」[1)]であると述べる。安全な環境で、発信したサインを見逃さず受け止めてもらえる環境が子どもの育ちを促進するのである。

　それでは、日本の乳児の子育て環境はどのようなものなのだろうか。まず、乳児期の子どもたちの居場所である。2009年統計では、0歳児の94.9％が「自宅・知り合いの家」となっており、1歳児においても67％の高い率となっている（図6-1）。現代では女性の就業率が高くなっているが、出産を期に退職し、専業主婦となる割合は依然として高い。また、就業を継続した場合でも育児休業取得中であるケースが多いことから、乳児期の子どもの居場所は、他の年齢と比して圧倒的に在宅が多いと言える。養育の必要性が高いこの時期は、家庭において主たる養育者と過ごす時間が長くなる。それは子どもにとって望ましい一方で、家庭内に留まることで親子が社会との接点をもてなくなる危険性をはらむ。近隣に頼れる親族や友人がいれば良いが、それが難しい場合やなじみのない土地で生活する場合は、自ら積極的に子育ての情報やサービスを得ることが求められる。多くの研究から、乳児と母親が孤立し、不安が高い状況に置かれることは、不適切な養育へと発展するリスクを高めることが明らかになっている。このリスクの具体的な背景としては、孤立育児の他にも、望まない妊

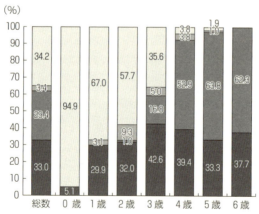

図6-1　就学前教育・保育の構成割合（2009年）

注1：その他の保育施設とは、事業所内保育施設、認可外保育施設などのこと。
注2：自宅・知り合いの家などとは、親、ベビーシッター、親類、知り合いなど。
資料：厚生労働省「全国家庭児童調査」。
出典：内閣府『2015年版子ども・若者白書（全体版）』第1-3-2図より筆者作成。

娠出産、経済的な困窮、産後うつなどによる親の状況下での子育てがあげられている。児童虐待やネグレクトなどの不適切な養育は、時に子どもが家庭を基盤に成長する機会を奪い、社会的養護の必要性を生み出す。ゆえに、身近な地域において、産前産後をふくめた、多様な子育ち・子育てを支援する場や人とのつながりがとても重要な意味をもつことになる。

2　親育ちの現状

　乳児を抱える多くの親にとって、子育ては戸惑いの連続である。2016年1月に放送されたNHKスペシャル『ママたちが非常事態』では、科学の視点を交えつつ現代の育児が抱える問題の深刻さを描き、多くの子育て中の母親から、共感と反響が寄せられた。[2] ここでは、特に産後の母親たちを苦しめる産後うつについて掘り下げ、分析されている。現代の子育てに対する困難感を引き起こす多様要因があげられているが、少子化や核家族化による子育てネットワークの乏しさに加え、出産後の体内環境の不安定さが、母親の不安感や孤独感を深めている点にも注目する必要がある。現代社会では、生まれてきた赤ちゃんは「可愛い」存在で、「母親はわが子を愛おしいと思うことが当然である」という認識に偏らない視点が求められる。しかし、一時的な心身の変化はあったとしても、周囲の十分なサポートによって、母親が前向きに子育てに向かうことはできるはずである。本番組では、産後の母親が抱く、父親へのストレスについても取り上げている。母親に一番近接する子育てのパートナーとして、改めて父親支援のあり方を検討することは重要な課題である。

　また、晩産化が進んでおり、学歴も高く、出産までに社会の第一線で活躍をしてきた背景をもち、出産する女性が増えている。出産により、社会とのつながりを喪失した状態に置かれることに対する焦燥感、誰からも評価されない子育てへの苛立ち、思い描いていた育児とのギャップなど、単に身体的な子育ての辛さに集約されない母親の気持ちに目を向ける必要がある。「子育ては素晴らしい営み」[3]であるが、1人の女性のライフサイクル上では一時でもある。育児休業復帰後の働き方や、スムーズな再就職支援など、女性が多様な役割を受け入れつつも、その人らしく生きていくことをイメージした育児支援が必要とされている。子育て期の親支援に終わらず、1人の人間としての生涯発達の視点をもって、親子の育ちの環境を整備していく視点が求められる。

3 地域における乳児期の子どもと親への支援

1 妊娠・出産等に係る支援体制

　乳児期の公的な子育て支援として、図6-2のような母子保健施策の体制がある。子どもたちの健全な成長を支えるためには、妊娠期から継続して親子の育ちを見守りつつ、不適切な養育の早期発見・早期対応が重要である。具体的な子育て家庭への支援としては、妊産婦健診、子どもの健診、保健師等による乳児家庭全戸訪問等がある。このような、妊娠・出産を包括的に支援する事業が市町村において実施されており、妊娠期から子育て期にわたるまでの支援を多様な機関がバラバラに行うのではなく、ワンストップ拠点を設けて、切れ目ない支援を実施することが目指されている。

　また、2015年4月より、すべての子どもと子育て家庭への支援を掲げた「子ども・子育て支援新制度」が施行され、市町村は地域の実情に応じた子育て支援事業計画を作成し、在宅の子ども・子育て家庭に対する支援事業を実施している。このうち、地域子育て支援拠点事業は、地域において気軽に親子の交流

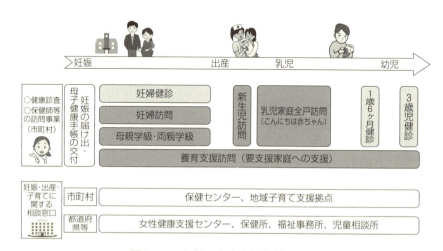

図6-2　妊娠・出産支援体制の概要

出典：厚生労働省『母子保健関連施策』2015年9月。

や子育て相談ができる場所として位置づけられており、公共施設や保育所など様々な場所で、行政やNPO法人などが担い手となって行われており、乳幼児期の子育て家庭のための社会資源として重要な役割を担っている。

2　乳児期の子育て家庭に対する地域子育て支援の実際

ここでは、地域子育て支援の拠点として多様なプログラムを展開している、山口市の『ほっとさろん西門前「てとてと」』の取り組みを紹介する[3]。「てとてと」は子育て中の母親達によって設立され、現在は地域子育て支援拠点事業として、NPO法人あっとにより運営されている。子育て期の親が抱える様々なニーズの実現をめざし、妊娠から子どもの就園までの子育て期を中心に、子育て家庭に対する様々なプログラムを提供している（表6-1）。本施設は商店街のアーケード内に位置しているため、アクセスが良好であり、買い物の途中に気軽に立ち寄ることができる。また、近隣の商店などとも顔なじみの関係で、

表6-1　地域子育て支援プログラム（『ほっとさろん西門前「てとてと」』）

マタニティ期	・マタニティの会……妊娠中の交流会
乳幼児期	・はじめてさんいらっしゃい……はじめの利用者を対象 ・ころぴよ赤ちゃんの会……0歳児の親子を対象 ・ちいさなおはなしの会……絵本にふれあう会 ・ドキドキお楽しみデイ……季節に合わせたお楽しみデイ ・U-30歳ママの会……10代20代前半の母親の交流会 ・O-40歳ママの会……40代の母親の交流会 ・育休ママの会……育児休暇中の母親の交流会 ・うちの子サイズ……保育士による身長と体重の計測 ・うちの子サイズスペシャル……助産師が来訪（うちの子サイズ）し、母乳相談、産後の相談等を実施
未就園期	・先輩ママに聞いてみよう！……園選び、就園準備、園生活などの疑問や不安に対するアドバイス ・園情報掲示板……市内の園情報を掲載した掲示板
子育てパパ	・土日開館……奇数月第4土曜、毎月第1・第3日曜日に開館。パパスタッフも常駐 ・パパ講座……父親が子どもと楽しく過ごせる講座を開催
子育てすてっぷあっぷ講習	・子育て力向上のため、専門家から、乳幼児期から学童期の成長、子どもの遊び、感染症対応、イヤイヤ期の食生活などを学ぶ講座を開催
ココカラ相談日	・臨床心理士、助産師、発達支援相談員、社会福祉士、保育士、栄養士による個別相談を随時開催

「地域みんなで見守る子育て」が息づいている。「てとてと」の施設内には、安心して遊べるおもちゃや砂場、庭などがあり、多くの子育て家庭の居場所となっている。さらに、親の相談支援、講座講習の開催による、親の学びやスキルアップの場としても機能している。

　乳児期の子育て家庭に対する支援プログラムとしては、0歳児とその親を対象とした「ころぴよ赤ちゃんの会」が実施されている（図6-3）。ここでは、自己紹介から始まり、日頃育児で気になっていることなどについて、座談会方式で情報交換が行われる。離乳食の進め方、入浴の仕方、夜中の授乳についてなど、乳児期の子育ての悩みを親同士で共有することで、子どもとの新たなかかわり方を学び、日々のストレスを解消することができるプログラムとなっている。特に第1子の場合、初めての子育てで悩みが多い反面、外出機会が少なくなりがちな時期である。「ころぴよ赤ちゃんの会」は、月齢が低い乳児から参加することができる貴重な場となっており、乳幼児期の地域子育て支援として、重要な意義をもっている。

　一方、本事業の担い手や参加者は、専業主婦層を主なターゲットとしているため、現状のままでは地域子育て支援拠点としての十分な機能を果たせなくなることが、運営上の課題としてあげられている。『ほっとさろん西門前「てとてと」』では、多様化していくことが予想される子育ての様態に応じ、今後は、地域の子育てニーズに合わせた運営形態（土日や夜間の開館、出張ひろばなど）や多機能化（相談、預かり、訪問、家事支援など）への取り組みを試みようとしている。

図6-3　ころぴよ赤ちゃんの会

おわりに

　子どもは周囲の環境とかかわりながら成長発達していく。特に乳児期は、親をはじめとする様々な人との十分な愛着形成が、基本的な信頼関係を構築する基盤となる。孤立した子育ては、親の情緒安定や、子どもとの相互作用の質、ひいては子どもの健全な成長発達に負の影響を与えるリスクが高い。ゆえに、乳児期の子育てを支える場や人など、地域の社会資源は大きな役割を担っている。多様な人と出会い、かかわる機会を得られることが、乳児期の子どもと親の豊かな育ちを育むことにつながり、また成熟した地域を築くことにもつながる。それぞれの地域ニーズに応じた、子どもの育ちと親の育ちの両方を切れ目なく支えていく仕組み作りが、今後ますます重要となる。

|演習問題|
1．在宅で過ごす乳児期の子どもとその親の1日の生活をイメージし、どのようなサポートが必要になるか話し合ってみよう。
2．子ども・子育て支援新制度における地域子育て支援事業についてまとめてみよう。
3．乳児期の子どもとその親が利用できる地域の子育て支援の場所等をまとめ、「子育て支援マップ」を作ってみよう。

注
1）柏木惠子『子どもが育つ条件──家族心理学から考える──』岩波書店、2008年。
2）日下基編著『最新科学でハッピー子育て』NHK出版、2016年。
3）NPO法人あっと『ほっとさろん西門前「てとてと」』（http://blog.canpan.info/teto/　2017年11月1日最終確認）。

参 考 文 献
大日向雅美監修『子どもを愛せなくなる母親の心がわかる本』講談社、2007年。
佐々木正美『子どもへのまなざし』講談社、1998年。
高山静子編『育つ・つながる子育て支援』チャイルド本社、2009年。

コラム2
▶現代の出産事情

少子化をめぐる状況

　日本の年間の出生数は、第1次ベビーブーム期には約270万人、第2次ベビーブーム期には約210万人であったが、1975年に200万人を割り込み、それ以降は毎年減少し続けた。1984年には150万人を割り込み、1991年以降は増減を繰り返しながら、緩やかな減少傾向となっている。2015年の出生数は、100万5677人であり、前年の100万3539人より2138人増加している。合計特殊出生率をみると、第1次ベビーブーム期には4.3を超えていたが、1950年以降急激に低下した。その後、第2次ベビーブーム期を含め、ほぼ2.1台で推移していたが、再び低下傾向となった。2005年には過去最低である1.26まで落ち込んだが、近年は微増傾向が続いており、2015年は、1.45と前年より0.03ポイント上回った[1]。

　女性の年齢別出生率をみると、そのピークの年齢と当該年齢の出生率は、1975年は25歳で0.22、1990年には28歳で0.16、2005年には30歳で0.10と推移し、ピークの年齢は高くなり、当該年齢の出生率は低下したものの、2015年は30歳で0.11とピークの年齢の出生率はやや上昇している[2]。

　婚姻件数は、第1次ベビーブーム世代が25歳前後の年齢を迎えた1970年から1974年にかけて年間100万組を超え、婚姻率（人口千人当たりの婚姻件数）もおおむね10.0以上であった。その後は、婚姻件数、婚姻率ともに低下傾向となり、1978年以降2010年までは、年間70万組台（1987年のみ60万組台）で増減を繰り返しながら推移してきたが、2011年以降、年間60万組台で推移しており、2015年は、63万5156組（対前年比8593組減）と、2014年に続き過去最低となった。婚姻率も5.1と2014年に続き過去最低となり、1970年代前半と比べると半分の水準となっている[3]。

　平均初婚年齢は、長期的にみると、夫・妻ともに上昇を続け、晩婚化が進行している。2015年で、夫が31.1歳、妻が29.4歳となっており、30年前（1985年）と比較すると、夫は2.9歳、妻は3.9歳上昇している。前年（2014年）との比較では、男女ともに横ばいとなっている。また、出生時の母親の平均年齢を出生順位別にみると、2015年においては、第1子が30.7歳、第2子が32.5歳、第3子が33.5歳と上昇傾向が続いており、30年前（1985年）と比較すると第1子では4.0歳、第2子では3.4歳、第3子では2.1歳それぞれ上昇している[4]。

　こうした少子化の背景には、日本という国が子どもを生み育てたいと考えている人たちにとって、安心と喜びをもって妊娠、出産、子育てに当たることができ

ない状況があるといわざるを得ない。そのため、次代を担う子どもを育成し、または育成しようとする家庭に対する支援をはじめ、次代の社会を担う子どもが心身ともに健やかに育ち、かつ、育成される環境を整備していくことが求められる。

　少子化（社会）対策の動向
　国は、少子化社会対策として、2015年3月、少子化社会対策基本法（2003年）に基づく新たな「少子化社会対策大綱」をとりまとめ、従来の少子化対策の枠組みを超えて、新たに結婚の支援を加え、子育て支援策の一層の充実、若い年齢での結婚・出産の希望の実現、多子世帯への一層の配慮、男女の働き方改革、地域の実情に即した取組強化の5つの重点課題を提起している。

　さらに、長期的視点に立ってきめ細かな少子化対策を総合的に推進することをめざして、「結婚、妊娠・出産、子育ての各段階に応じ、一人一人を支援する」という方針のもと、「妊娠・出産」について、「第1子出産年齢が上昇する中、年齢や健康問題を理由に理想の子供数を実現できないという方も多い。母体や子供へのリスクを低減し、安全かつ安心して妊娠・出産ができる環境整備が重要である。産休中の負担の軽減や産後ケアの充実をはじめ、『子育て世代包括支援センター』の整備などにより、切れ目のない相談支援を構築していく。また、マタニティハラスメントやパタニティハラスメント防止の取組を充実させる」と述べている。そして、具体的な施策として、① 妊娠から子育てまでの切れ目のない支援体制の構築、② マタニティハラスメントの防止等、③ 妊娠・出産に関する経済的負担の軽減と相談支援の充実、④ 周産期医療の確保・充実等、⑤ 不妊治療等への支援、⑥ 健康な体づくり、母子感染予防対策を掲げている。

　また、「教育」については、① 学校教育段階からの妊娠・出産等に関する医学的・科学的に正しい知識の教育、② 性に関する科学的な知識の普及、③ 妊娠や家庭・家族の役割に関する教育・啓発普及、④ キャリア教育の推進、を示している。

　同大綱に記されているように、「結婚、妊娠、子供・子育てに温かい社会の実現」に向けて、「行政による支援の充実に加え、結婚、妊娠、子供・子育てを大切にするという意識が社会全体で深く共有され、行動に表れることで、若い世代が、結婚、妊娠・出産、子育てに対し、より前向きに考えられるようになる。結婚、妊娠、子供・子育てに温かい社会の実現に向けて、社会全体で行動を起こすべき」であろう。少子化は、個人、地域、企業、国家に至るまで、多大な影響を及ぼすことが予想される。少子化社会というものが、妊娠、出産、子育てを希望していても、実現が困難な社会であるということの結果であってはならないのではない

だろうか。もとより、そうしたことがらは、価値観の押しつけやプレッシャーなどなく、1人1人が自分の人生のなかで自由に主体的に考え、判断し、選択していくべきものであるが、個々人の希望通り、結婚することができ、また、希望する数の子どもを持つことができるような社会を構築していく必要がある。

妊娠・出産と高度生殖医療の進展

日比野由利は、その著『ルポ 生殖ビジネス──世界で『出産』はどう商品化されているか──』（朝日新聞出版、2015年）のなかで、卵子提供や代理出産など「出産の商品化」（生殖ビジネス）が世界的に広がりを見せていることを紹介している。そして、海外との比較のなかで、日本については、「生殖補助医療や第三者が関与する生殖技術についての立法はなされてこなかった。国内の不妊治療施設では、卵子提供や代理出産などは一部の例外を除いて提供されておらず、ほとんどの人々が海外に渡航して依頼している。海外からの情報の流入により、この動きは加速していく可能性がある」（18〜19頁）と指摘している。

ここで取り上げられている不妊治療については、前述した晩婚化・晩産化を背景として、それを希望する人たちにとって当事者主体となる取り組みを進めていくことが大切である。例えば、男女を問わず、不妊治療や不育症治療に関する情報提供や相談体制を充実していくことや、不妊治療（体外受精、顕微授精）に係る経済的負担を大幅に軽減していくこと、また、男女を問わず、年齢が高くなると妊娠、出産に至る可能性が低くなるなど、性や妊娠、出産等に関する科学的な知識の普及、啓発に力を注いでいくことなどが望まれるであろう。

高度生殖医療の進展により、出生前診断をはじめ、卵子凍結保存や子宮移植、人工子宮、さらには生殖細胞（精子・卵子）の造成など、生殖補助医療技術が開発され続けている。こうした動きとどう向き合うべきなのであろうか、家族、子育ての姿とも結びつけながら、議論の深まりが待たれる。

注
1）内閣府『平成29年版少子化社会対策白書』2017年。
2）同上。
3）同上。
4）同上。

参 考 文 献

伊藤良高・伊藤美佳子『新版　子どもの幸せと親の幸せ——未来を紡ぐ保育・子育てのエッセンス——』晃洋書房、2017年。

NHK取材班『産みたいのに産めない　卵子老化の衝撃』文藝春秋、2013年。

コラム3
▶育児休業をめぐる現状と課題

ある育児休業

　先日、知人から「育休ってどう思う？」と尋ねられた。詳しい話を聞いたところ、知人の職場で、産前・産後休暇後育児休業を取っている女性がおり、その女性の仕事は同じグループの人たちで分担したそうである。1人の仕事量が増えたことで精神的負担を感じ、私傷病休暇を取得した人がいたため、今は2人休みのなかで残った人たちが仕事をしている状態である。残業が増えて、とても大変らしいということであった。

　少子化対策の1つとして、育児休業制度（以下、「育児休業」または「育休」と略）があるが、同制度は、安心して子どもを産み育てるために必要不可欠なものである。また、病気で仕事ができない時は、休業補償のある「私傷病休暇」をとることで、安心して療養に専念することができる。こちらも大切な制度である。かといって、仕事をしている人たちに過大となる仕事量を課していいとはいえない。私は、答えに窮して、「大変ね」としかいうことができなかった。育児休業は、子どもを産み育てようとする子育て家庭にとって非常に大切な制度であるが、他方では、社会の厳しい状況もあると痛感させられた。

育児休業と法律

　育児休業及び介護休業の法的根拠として、1991年5月に「育児休業、介護休業等育児又は家族介護を行う労働者の福祉に関する法律」（以下、「育児・介護休業法」と略）[1]が制定された。同法は、第1条で「この法律は、育児休業及び介護休業に関する制度並びに子の看護休暇及び介護休暇に関する制度を設けるとともに、子の養育及び家族の介護を容易にするため所定労働時間等に関し事業主が講ずべき措置を定めるほか、子の養育又は家族の介護を行う労働者等に対する支援措置を講ずること等により、子の養育又は家族の介護を行う労働者等の雇用の継続及び再就職の促進を図り、もってこれらの者の職業生活と家庭生活との両立に寄与することを通じて、これらの者の福祉の増進を図り、あわせて経済及び社会の発展に資することを目的とする」と規定している。子どもの養育または家族の介護を行う者について、職業生活と家庭生活の両立を図ることで、福祉の増進や経済及び社会の発展に寄与することをめざしており、事業主が対応すべき内容が定められている。

　「育児・介護休業法」ができたことで、その後、育児休業制度を利用する人た

ちも増えてはいったが、育児休業後も仕事を継続する人は半数にも満たないという統計結果が示されている。女性が育児休業を取得した場合、育児休業期間中、育児の大半を女性が担うため、職場復帰となった場合、さらにその負担が女性に圧(の)し掛かってくるのではないだろうか。実際に、男性の育児休業取得率は、2016年実施の厚生労働省調査では3.16％にすぎず、育児は女性の役割となっている現実が垣間(かいま)見える。

2009年6月の法改正では、3歳未満の子どもがいる労働者を対象とした「短時間勤務制度」の導入等が行われた。また、2010年7月の改正の際には、「パパ・ママ育休プラス」が設けられた。後者の制度は、男性の育児休業の取得促進を図る観点から、両親ともに育児休業を取得した場合の育児休業等の特例として設けられたものであるが、男性の取得自体が少ないため、あまり利用されていない状況にある。

次いで、2016年3月の法改正では、育児休業等の対象となる子どもの範囲が法律上の親子関係がある実子・養子に限られていたが、特別養子縁組の監護期間中の子ども、養子縁組里親に委託されている子ども等についても新たに対象とされた。また、有期契約労働者の育児休業について、① 申出時点で過去1年以上継続して雇用されていること、② 子どもが1歳になった後も雇用継続の見込みがあること、③ 子どもが2歳になるまでの間に雇用契約が更新されないことが明らかである者を除くとされていたが、① 申出時点で過去1年以上継続し雇用されていること、② 子どもが1歳6カ月になるまでの間に雇用契約がなくなることが明らかでないこと（雇用契約があるかないかわからない人も含む）と、取得要件が緩和された。

さらに、2017年3月の改正では、それまで育児休業期間は、原則として子どもが1歳に達するまで、保育所に入れない等の場合に、例外的に子どもが1歳6カ月に達するまで延長できるとされていたが、1歳6カ月に達した時点で、保育所に入れない等の場合に再度申出することで、最長2歳まで延長できるようになった。育児休業取得者のキャリア形成の観点から、育児・介護休業で事業者が講ずべき指針も改正され、事業者が育児休業からの早期の職場復帰を促す場合は、「育児休業に関するハラスメントに該当しない」こととなっている。ただし、職場復帰のタイミングは労働者の選択に委ねられている。また、事業主は労働者またはその配偶者が妊娠・出産した場合、当該労働者に対して、個別に育児休業に関する定めを周知するように努めることが規定された。しかし、この規定は、プライバシー保護から、労働者が自発的に事業主に知らせることを前提としている。以

上のように、少しずつではあるが、育児・介護休業の法的整備は進んできているといえよう。

育児休業をめぐる課題

　産後休暇・育児休業後、職場に復帰、または仕事に就くために、保育園を探す「保活」という言葉がある。保育園は原則4月入園のため、子どもが1歳6カ月までの育児休業では入園できない時が出てくる。2017年の法改正で、育児休業期間も最長2歳までとなったため、保育所探しにも、多少の時間的余裕が出てくると思われる。

　近年、子どもの養育と労働者の働き方について環境整備がなされてきているが、保護者が育児休業を取得すると子どもが保育園を退園させられる「育休退園」（いくつかの自治体に存在）など、働く者が安心して子育てできる環境にあるのか疑問視せざるを得ないものもある。男性の育児休業取得率がきわめて低い日本の職場環境の改善も進めなければならない[4]。本来、子どもを産む・産まないは個人の自由であるが、子どもを産み育てようとする者が、職場の仲間らに過度な負担をかけることなくキャリアを形成できる日が来ることが、今後の課題であろう。

　注
1）公務員については、「国家公務員の育児休業等に関する法律」（1991年）、「地方公務員の育児休業等に関する法律」（1991年）が別途定められている。
2）2010～2014年に第1子を産んだ妻の育児休業の利用率は、39.2％となっている。詳細は、国立社会保障・人口問題研究所「現代日本の結婚と出産──第15回出生動向調査（独身者調査ならびに夫婦調査）報告書──」2017年、を参照されたい。
3）厚生労働省雇用均等・児童家庭局（現：雇用環境・均等局）「平成28年度雇用均等基本調査（確報）」（2017年）。
4）2015年3月に策定された「少子化社会対策大綱～結婚、妊娠、子供・子育てに温かい社会の実現をめざして～」は、「男女の働き方改革」の一環として、「男性の意識・行動改革」を掲げ、具体的には、①長時間労働の是正、②人事評価制度の見直しなど経営者・管理職の意識改革、③出産直後からの男性の休暇取得の促進、を示している。男性の育児休業の取得促進や出産直後からの休暇取得をはじめとする男性の子育て目的の休暇の取得促進、男性の育児に関する意識改革、啓発普及などに係る施策の推進が待たれる。

第7章 乳児の発達と保育の内容

はじめに

本章では、主に0歳〜1歳3カ月までの子どもの発達の特徴について解説し、それを基に、この時期の子どもの保育内容を、生活と遊びの側面にわけて考えていく。生活の側面では、食事、排泄、睡眠、清潔などの基本的生活習慣の形成を含めた生活リズムの形成、遊びの側面に関しては、乳児にとっての遊びの意義や乳児期の遊びの発達と保育者のかかわりについて考えていく。さらに、子どもの発達における保育内容についてのいくつかの課題についても触れていきたい。

1 0歳児から1歳3カ月未満児の発達の特徴と保育者のかかわり

1 3カ月未満児

生後3カ月までは、呼吸、体温保持、栄養摂取自立といった基本的な生命保持現象を維持できる体制を作り上げる時期である。また、不随意運動である原始反射（モロー反射、非対称性緊張性頸反射、手掌把握反射等）が残っているが、吸啜反射、追視、頭を左右に動かす、ジェネラルムーブメント（上肢や下肢のリズミカルな進展運動）等の自発的な運動が増えるとともに消失していく。

この時期は、まだ首のすわりが不安定であるため、移動時は、首と体幹を同時に支えるような抱き方の配慮が必要である。さらに、乳児の体を不用意に振ったり、揺さぶったり、動かしたり、強く振動させると「揺さぶられっこ症候群」と呼ばれる頭蓋内出血や眼底出血を伴う外傷性脳疾患が起こる可能性が高い。栄養は、すべて母乳または人工乳で摂取され、最初は2時間おきくらいの授乳時間だが、次第に長くなり3時間くらいになる。授乳の時間は、保育士と乳児の絆を形成するうえで、とても大切な時間である。しかし、授乳は、家庭との

連携が必要で、家庭での授乳時間帯の流れに合わせた保育園での授乳スケジュールを立て、授乳の際には、落ち着いた雰囲気で、話しかけたり、笑いかけたりしながら心までも満たしてあげることが望ましい。睡眠時間は、1日に15～16時間であるが、乳児の眠りは昼夜の区別がなく細切れで、眠りの約半分がレム睡眠（浅い眠り）である。したがって、睡眠中でも、体を盛んに動かしたり、ため息をついたり、時々目を半開きにしたりする動きが盛んにみられ、睡眠のリズムがまだ確立していない。睡眠のリズムの確立には、メラトニンというホルモンと体内時計の相互作用が関係しているため、夜は暗い環境、昼は明るい環境において、睡眠のリズムの形成を促すことが重要である。

特に気を付けなければならないのは、乳幼児突然死症候群（SIDS）である。うつぶせ寝、暖めすぎた室内、喫煙等の原因で、発生率が高くなるため、保育園での午睡時には、① 仰向けに寝かせる　② 固めの布団を使う　③ 5分おきの乳児の観察（睡眠チェック）を行う等の配慮が必要である。

2　3～6カ月未満児

生後3カ月を過ぎると、乳児は自分で動き始め、運動能力が高まる。4カ月を過ぎ、首が座って腹這いの姿勢が取れるようになると、寝返り等で、体の位置を移動させたり、手におもちゃをもって遊ぶこともできるようになる。そのため、お座りの姿勢や腹這いの姿勢で保育者と顔を見合わせ、対面できるようにもなる。この時、保育者は、乳児と視線を交わしたり、お互いの表情を交換したり、顔を見合わせながら声をかけたり抱き上げたりすることで、乳児の表情の変化を見ながら、乳児の要求などに適切な対応を心がけたいものである。乳児と保育者の相互交流ができるようになると、乳児の笑い顔、喜びの声等は、保育者にとって、ますます保育を楽しくさせるものとなる。

3　6カ月～1歳3カ月未満児

乳児期の後半にあたるこの時期は、ハイハイが始まり、充実し、つかまり立ち、伝い歩き、歩行の完成へと運動機能が発達していく。また、視力も向上し、細かい物まで見えるようになり、空間の奥行や遠近感もわかるようになる。

6カ月を過ぎると、「人見知り」をするようになり、いつも自分の世話をしてくれる特定の養育者との間に愛着関係が形成される。それに伴って、特定の保育者への後追いもみられるようになる。さらに、手や足や指も器用になり、

おもちゃ等を掴むだけであったものが、持ち替えたり、より細かなものまで掴めるようになる。乳児が、自由に移動でき、手をより器用に使えることによって、より操作的なおもちゃ、動かす事の出来るおもちゃ等で遊べるようになり、また保育者と対面して遊ぶことが可能になることは、言葉や社会性の発達にとって大きな意味がある。乳児と保育者が対面した場面の中で、共通の対象物に注意を向ける共同注視は、乳児が言葉の意味や他人の意図を理解する場でもある。

2 保育の内容

1 生活
(1) 食事
① 食事で大切なこと

本来、食事は、乳幼児と他者のやり取りを前提とする場で行うため、「個食」や「孤食」ではなく「誰かとかかわり続ける」ことで営まれる。

人の食の特徴は、「長い時間をかけてゆっくりと自立を果たす」ことである。その理由の1つが脳の成長と関係している。人は大きな脳を成長させ、複雑な社会で生きていくための術を身につけていくために成熟までに長い時間を必要とするからである。また、保育園での食事場面は、乳幼児にとって、自分、食べ物、他者の3項が必ず存在する場である。したがって、その関わりを理解することは社会性を身につけていくうえで大切である。また、食事は、乳幼児が食の好き嫌いや食べ方の好み等を言ったりする主張の場ともなり、そこに、保育者との葛藤が生まれることもある。保育者にとっては、食事は、乳幼児への栄養供給の場であるとともに、食事場面でのコミュニケーションなどのマナーを教える教育の場でもあるので、乳幼児の主張に対しては、しっかりと寄り添いつつ、関わっていくことが大切である。

② 胎児期～離乳完了移行期までの食事計画

乳児の食事計画は、胎児期、誕生～1カ月、生後～2．3カ月の乳汁期、4カ月頃の準備期、5～6カ月頃の離乳期初期、7～8カ月頃の離乳期中期、9～11カ月頃の離乳期後期、12～18カ月頃の離乳期完了移行期と、胎児期からの発達を考えていかなければならない。

胎児期においては、すでに離乳に向けての準備がはじまっている。嗅覚や味

覚（甘味・酸味・苦味・塩味・旨味）は妊娠4カ月にはほぼ完成するといわれている。生後味の感じ方は変わるが、味を感じるようになるのは、妊娠4カ月以降である。また、胎児は、羊水を飲みこむ嚥下（えんげ）や指しゃぶりのような反射運動を通して、誕生後の哺乳の練習をしている。さらに、胎盤を通じて栄養摂取が行われていることを考えると、母親はバランスの良い食事を心がけ、胎児への栄養が届くように、血行を良くするため、体を冷やさない生活を心がけなければならない。

　誕生〜1カ月までの新生児期は、口の周りにモノが触れるとそちらのほうに顔を向けて吸いつこうとする。また、乳首が口に入ると規則的に吸啜し、口の中に入った乳汁を飲み込もうとする。これらは反射によるもので、3カ月くらいまで活発である。生後しばらくは主にこれらの反射を利用して、哺乳行動を行う。新生児は哺乳を通してやり取りを学ぶため、新生児の目が覚めて泣いたら、母乳（ミルク）を与える等して、哺乳を促す働きかけが大切である。母乳の際は、母親は偏りのない食生活を心がけ、哺乳がうまくいかなくても焦らず、泣くたびに飲ませても問題はない。

　生後2〜3カ月の乳汁期になると、哺乳間隔が約2〜3時間おきに定まり、一度に飲む量も増えてくる。授乳のタイミングは、睡眠をベースにし、起きてからすぐ授乳するようにすると一番無理なくおなかがすいた状態で飲ませることができる。哺乳だけで疲れて眠ることも減り、起きて遊ぶ時間が長くなる。「よく飲みよく動く」が健康の目安である。体重は出生時の約2倍に増えるが、後に、寝返りやハイハイによって体重・体型は変化していく。保育園で授乳する場合は、いつも決まった場所、いつも同じ保育者が授乳することで、次に何をするのか見通しをつけるための習慣づけをすることが大事である。

　この時期、乳児は、直接食材を手にすることはないが、飲む前に手をふいたり、食後口元をふいたりして、衛生習慣につながる行為をすることも必要である。また、授乳の際には、必ず乳児と目を目を合わせて、「今日はおなかがすいて、よくミルクを飲んでいるわね」「きょうはおなかがすいていないのかな」など優しく語り掛けるようにする。保育者は、乳児1人1人の授乳時間のリズム、好む温度、分量などを把握しておくことも重要である。

　乳児への授乳の際に、体の栄養だけではなく、心の栄養として満足を与えることは、乳児の食欲や、保育者と乳児の信頼感を築いていくための基礎となる。

　4〜6カ月頃は、離乳の準備期と離乳期の初期に当たる。離乳食の開始は、

5～6カ月であるが、首がしっかりとすわり、支えがあれば座る、食べ物を見ると興味を示し口を開ける、スプーンを口に入れても押し戻さない等の発達の様子が見られることが開始の目安となり、ドロドロとした食べ物を与えることになる。しかし、その前の準備期の4カ月頃から、煮るという調理法の野菜スープや果汁などの液体をミルクの前に与えるようにする。その際、横抱きにすると吐乳しやすくなるので立て抱きで、スプーンを横にして、下唇に乗せたまま、口の中には入れず、上唇にスプーンの縁が添うようにして飲ませる。

　離乳期初期の5～6カ月の頃の調理法は、ゆでる、蒸す、調理形態は、半流動食からすりつぶし食の粒のない滑らかなもの（ポタージュ状、ドロドロ～ジャム状、ベタベタ）で、口唇を閉じて下を前後に動かして飲み込むようになる。食べさせ方のポイントとしては、飲み込みやすい角度の立て抱きにしてスプーンで食べさせ、口を開くまで無理に入れず、食べ物をスプーンの先にこんもりと乗せ、乳児の一口量に気を付けながら乳児の舌が出たときに床に平行に運ぶようにする。下唇の上にスプーンを乗せ、パクパクしながら口に取り込むのを待つことが大事である。また、飲み込める軟らかさにスープでのばしながら与えるようにする。この頃の離乳食は1日1回食で、離乳食後、母乳またはミルクを与える。

　この時期は、食事のやり取りを通じて自他分離の感覚が楽しめるよう、また、意欲的に食べることができるような食事の時間とする。子どもにとっての新しい食文化との出会いを楽しいものにし、子ども自身が食事に参加する際の基礎となるような配慮が求められる。また、天気の良い日には散歩などをして、日中十分身体を動かし、生活リズムを安定させることが食べることの意欲につながる。

　離乳期中期の7～8カ月になると、1日2回食になり、固形物も取り込めるようになってくる。塩味等だしの味だけだったものから、醤油や味噌などの味が加わり、色々な味を楽しめるようになる。調理方法としては、和える、炒め煮が加わり、調理形態も、下で押しつぶせる程度の軟らかさ、大きさ、とろみになり、スプーンの背で簡単につぶれる硬さとなる。乳児の舌と上顎で押しつぶしながらの食べ具合を保育者が見ながら調節してあげるとよい。食事の量は、発達に応じて運動量も増えてくるため、徐々に増えてくる。前歯の食いちぎりを覚え始めるので、一口かじってまた次を食べてという食事のテンポができ、この頃から自分で何をどのくらい食べるというリズムを作り始める。食事

前後のお手拭きの習慣もわかっているため「手をふくよ」と声を掛けるだけで、手拭きの上に手を出したり、エプロンのつけ外しに協力的に自分から動いてくれたりするようになる。この時期は、自分からお手拭きの上に手を出してくれるまで少し待つ、食べたいものを指さしそうだなと感じたら様子を見るなどして、乳児の意思、意欲が高まるように心がける。乳児自身が参加し始め、食事を楽しみながら食べているという気持ちになるような配慮が求められる。

離乳期後期の9～11カ月になると、焼く、揚げるという調理法も加わり、調理形態も軟固形食、手づかみ食となる。この時期になると、乳児の食事に対する意欲も高まってきて、食べたいものが目の前にあると、頻繁に自分の手を出そうとする。手で食べることに満足感を覚え、さえぎったりすると、怒って食べなくなることもある。乳児が食べたいものをどう食べさせていくかが大切で、保育者は、乳児が手で食べることができないものを、介助用のスプーンで食べさせる補助としての役割にとどめるようにする。

まだ保育者に抱かれて食べる乳児がほとんどであるが、15分くらい1つの場所に座り続けることができ、食べることに気持ちが向いていれば、つかまり立ちが出来なくても、座って食べさせてもよい。この時期は乳児の気持ちが食事に向かえるようになることがポイントで、保育者はその気持ちを育てることが大切である。

離乳完了期の12～18カ月の頃は、授乳もなくなり、家庭での朝食、園での午前食と午後食、そして家庭での夕食と、1日4食になる。この時期、歯もある程度生えてきて、食事のメニューとしては幼児食になりつつある。ほぼ大人と同じ材料、調味料になるが、顎の力や奥歯の生え具合などが不十分なのでかみ砕けない硬いものやこんにゃく、竹輪などはまだ難しい。歯磨き代わりの毎食のデザートに、唾液が沢山出て、咀嚼力もつくリンゴなどを選ぶとよい。食べ方には個人差があり、手づかみからスプーンを使える乳児まで様々であるが、ほとんど椅子に座って自分で食事をすることができる。保育者は補助の役割に徹し、主導権を乳児に移すようにする。保育者1人に対して乳児1人で食べるが、スムーズに進むようであれば、1対2にしてもよい。食べることに集中できない乳児には、中途半端に食べるのではなく、しっかりと集中できる時間で食べることを続けて、乳児の気持ちを食事に向かわせることが大事である。

（2）睡眠
① 睡眠のリズムの発達
　睡眠は、胎児期からみられる重要な生命維持機能である。近年、脳科学の発達とともに、乳幼児期の子どもの睡眠が、運動、言葉、認知力、意欲、コミュニケーション能力等、脳の発達と深く関係していることが明らかになってきた。そのため保護者や保育者は、乳幼児に正しい睡眠環境を整えることが大変重要である。人間の睡眠のリズムは、胎児期から乳児期にかけて急速に発達し、2歳までにほぼ完成するといわれている。
　胎児は、母親の睡眠や食事のリズムに同調して命を育んでいるため、妊娠中の母親は、早寝早起きを中心とした規則正しい生活を、心がけることが重要である。
　誕生から1カ月は、1日の睡眠時間の目安は、16〜18時間であるが、昼と夜に関係なく1日の大半を眠って過ごしている。2〜3時間ごとに排泄、授乳などで目を覚ましては泣き、その泣きの欲求が快に満たされると、また眠る、ということの繰り返しである。
　2〜4カ月は、1日の睡眠時間は、13〜15時間であるが、昼間の覚醒時間と夜の睡眠時間がそれぞれ長くなる。昼間には、短い睡眠が複数回ある。
　5〜6カ月は、1日の睡眠時間が13〜14時間、夜の睡眠時間がのびてきて、昼と夜の区別が明確になる。日中の活動量が増えると、夜はぐっすりと眠るようになってくる。この時期、一度眠ると朝まで起きない。朝は自分で目覚めるなどの習慣をつけることが望ましい。
　7〜9カ月は、1日の睡眠時間は13〜14時間であるが、夜一度眠ると朝まで起きない睡眠の習慣ができてくる。昼は活動し、夜は休息するという社会生活に必要な生活リズムが定着する。一方で、夜泣きが始まる乳児もいる。
　10カ月〜2歳になると、11〜13時間の睡眠時間となり、2歳頃までには、集団生活で必要な早寝早起きの生活リズムがほぼ完成する。2歳までに、自分で寝て、自分で起きる習慣を身に着けることが望ましい。

② 睡眠の大切さ
　乳幼児の睡眠には重要な意味があり、それは睡眠時間の長さに表れている。大人の1日の睡眠時間は、平均7時間半くらいであるが、新生児や乳児は、1日に約11〜17時間眠っている。最近の睡眠研究によると、乳幼児が大量に眠る

のは、「脳機能を完成させ、その働きを維持するため」であることが分かってきた。つまり、乳幼児期は、日中、おもちゃで遊んだり、運動遊びをしたり、絵本を読んでもらったりといった、外からの刺激だけではなく、睡眠中にも、記憶や学習の処理等に必要な情報ネットワークの維持・創造等といった脳機能を発達させている。

ただし、健康な脳を育てる睡眠は、早寝早起きを基本とする規則正しい生活リズムを確立することである。10カ月から2歳ころまでには、その習慣を身につけさせることが乳幼児期の重要な課題の1つであるといえる。現在、科学的に証明されている夜更かし、睡眠不足の悪影響については、① 成長の遅れ……成長ホルモンの分泌が抑えられ、骨、筋肉、細胞が育ちにくくなる、② 脳にある体内時計の乱れ……全身のリズムを統率する時計機能が混乱して自律神経が乱れ、活動全体が低下する、③ 知能や運動神経の発達の遅れ……記憶力、判断力、認知力が低下して、意欲や学力が低下し、運動機能やコミュニケーション能力のアンバランスが生じる、④ 情緒不安定……イライラしたり、攻撃的になったり、不機嫌であったり、園へ行きたくないとぐずったり、のちのち不登校の原因になったりする、⑤ 病気の原因……肥満、免疫力の低下、老化の促進、糖尿病、がん等の病気を誘発する、などがあげられている[1]。

また、理想の睡眠とは、夜の睡眠時間が最低でも10時間（量）、夜中に3回以上目覚めず、目が覚めてもすぐ眠りにつく、就寝、起床時間が毎日一定（質）、夜間の基本睡眠時間は、夜7時から翌朝7時までの間（時間帯）、昼寝は、12時から3時までの間が望ましい[2]。

以上のことから、乳幼児の心身の健康を守り、健全に発達させていくには、良い睡眠環境を整えることが保育者・親の大変重要な役割であるといえる。

特に家庭では、寝るときは部屋を暗くする、寝る前は、テレビやスマホなどの電子画面を見せない、熱いお風呂は避ける、寝る直前には食事をしない、毎日朝日を浴びるように心がける、早起き、朝ご飯、朝うんちのリズムを作る、夜寝る際は、家族も一緒に寝る、昼間は楽しく遊ばせるなどの工夫や協力をすることが重要となる。

（3）排泄

大脳が発達し、膀胱の容量が大きくなると、膀胱に尿がたまった時に、「尿がたまったよ。出してもいいよ」と、大脳からの指令が出され、子どもは「おしっこ」を意識するようになる。2歳ごろになり「おしっこが出そう」という

感覚を脳で感じることができるようになれば、少しずつ膀胱の括約筋を使って自分で排泄ができるようになる。

　最近の研究では、排泄の自立は、大人の積極的な指導によるものではなく、乳幼児の膀胱などの器官と大脳の成長によって、自然に行われるという考え方が主流になりつつある。そのため、おむつからトイレへの移行は、従来の「トイレット・トレーニング」や「おむつはずし」から自然に行われるという意味の「おむつはずれ」という表現に変わりつつある。

　おむつはずれのタイミングを知らせる特徴的なサインが3つある。まず、1つ目は排尿の間隔があいてくること。昼寝の後におむつが濡れていなければ、膀胱に尿がたまっているため、トイレで排泄をするのに成功しやすいタイミングである。また、散歩や絵本の前、楽しい活動の前に声かけをして排泄を促すのも効果的である。2つ目は、立って歩くことができること。おむつはずれには、「トイレまで立って自分で移動できる」ことも大切である。自分で歩いてトイレに行って成功したときに褒められるとより自信につながるからである。3つ目は、単語やしぐさで排尿のサインを出すようになること。尿意を感じると、乳幼児は、言葉で訴えたり、顔つきが変わったり、部屋の隅に隠れたり、落ち着かなくなる等、「排泄の前後に何らかのサインを出す」ようになる。そのサインを見逃さず、タイミングよくトイレに誘うことが大切である。

　おむつはずれの開始・終了時期には個人差があるため、成功と失敗を繰り返しながら徐々におむつをはずしていくことが望ましい。また、おむつはずれは、家庭と協力して行うことが大切である。

　排便の自立に関しては、排便そのものが極めて社会性の高い行為であるため、自閉的な傾向が強く、社会に適応しにくい子は、自立が遅れる傾向にある。

　排便は、ある程度直腸の中にモノが入ってくると肛門括約筋が開き、交感神経の活動も高まって、腸を動かし便を体外に出すという仕組みになっている。直腸の肛門括約筋が自立的に調節でき、肛門を開くかどうかを意識的に操作すると同時に副交感神経が刺激されるため、排便は安全な場所でリラックスしてする行為ともいえる。そのため乳幼児がリラックスできる状況を作ることが重要である。「決まった時間にすっきり排便」、3歳くらいまでにこの習慣が身につくとその後は心身ともに軽快な生活が送れるようになることが多い。

（4）清潔

　清潔の習慣は、0歳のころからの積み重ねと繰り返しが幼児期の習慣となっ

て残っていく。したがって、毎日の生活の中で、少しずつ身につけていくことが大事であるが、機会をとらえて言葉かけをし、その都度意識させていくことも必要である。

① 手を洗う

食事前、トイレの後、戸外遊びの後には必ず身につかなくてはならない習慣であるが、0歳児のおむつ交換前、授乳の前に、大人がお手拭きで拭いてあげることを繰り返すことが重要である。これが、大人が手伝いながら蛇口をひねって水で洗う習慣につながり、最後には自分ですべてできるようになる。

② 顔を拭く

0歳の頃から寝起き、排泄の流れの中で必ず顔を拭くようにする。大人がしてあげることを繰り返すことによって、自分から顔を拭けるようになる。顔を拭くことで、寝起きの目覚めも促し、すっきり気持ちのいい体験を毎日することで顔を拭くという衛生感覚が習慣化する。

③ 鼻をかむ

鼻をかむことは、2歳ごろまでに習慣づけしたい行為である。鼻をかむ行為は、発達の個人差があるため、2歳になってもできる子とできない子がいるが、乳幼児が大人の模倣をし始める1歳を過ぎたあたりから鼻をかむ行為を伝えていくようにする。大人が片方ずつの鼻腔をおさえて鼻をかむモデルを示したり、子どもの鼻腔をおさえて鼻をかむように促したり、また、鏡の前に一緒に立って、鼻水を見せ、ティッシュで丁寧にふき取る様子を見せてもよい。

④ 爪の手入れ・耳掃除

ケアをするにはデリケートな場所であるため、お風呂上がり等に、曜日を決めて週1回、耳掃除や爪の手入れをするように家庭に働きかけるほうがよい。もしも保育園で行う場合、爪は1対1で静かなところで切り、耳掃除は耳の入り口を優しく綿棒でふき取るだけにする。

⑤ 髪をとかす

午睡後の排泄、おむつ交換から食事にいく流れの中で必ず髪をとかすようにする。この際、各自の櫛を用意しておくようにする。

⑥ うがい

うがいは1歳ごろから教えることができる。最初は口に水を含ませてそのまま下を向いて吐き出させる。この時水は飲まないように伝える。ブクブクうがい、ガラガラうがいができるようになるのは、2歳以降である。ブクブクうが

いは、口に含ませた水を左右の頬で、交互に動かして行う。ガラガラうがいは、上を向いて口を開け、のどでガラガラと音を立てて、下を向いて吐き出させる。

⑦ 口腔の手入れ

乳歯が生え始めたら、ガーゼを巻いた指で優しく乳歯を拭いたり、歯ブラシで軽く磨いたりするとよい。保育者が手本を見せたり、食後に水やお茶を飲ませて、口の中を清潔にさせる。子どもが歯磨きを嫌いにならないように、無理なく楽しく進める。

2　遊び

（1）乳児にとっての遊びの意義

乳児は、言葉以外の方法で、他者とかかわり、周囲に働きかけている。それが、乳児期の遊びであるが、その遊びを通して乳児は、外界と交流し、成功と失敗を繰り返し、試行錯誤しながら様々な能力を獲得している。その新たな能力（動作・運動等）を獲得すると、その新しい能力を使って再び周囲に働きかけ、自分の力を試そうとする。したがって乳児にとっての遊びは、人とかかわる力を養うものであり、自ら育つ力を発揮するものであり、言葉や運動の発達と同時に新しく獲得した力の応用と挑戦を促し、多面的な発達を促すものであるといえる。

（2）遊びの発達と保育者のかかわり

生後1カ月までの新生児期は、1日の多くの時間を眠って過ごし、目覚めているときの動作も無意識的なもので、明確な意図はあまりない。しかし、ゆっくりとした動きなら目の前で動くものを追ったり（追視）、母乳とミルクの違いをかぎ分けたりする。起きているときは、小声で話しかけたり、顔に触れたりして自然なスキンシップを楽しむことができる。また、機嫌がよくタイミングが合えば、目の前にいる人の表情を真似することがある。例えば、舌を出したり、大きく口を開けたり、口を尖らせたりしてコミュニケーションを楽しむこともできる。

2〜4カ月頃になると、反射運動が減退し、意図的に動く随意運動が多く出現するため、乳児の動きや気持ちのリズムに合わせた反応をするとよい。聴覚の発達が目覚ましくなるため、声や音によく反応するようになる。また、首がしっかりしてきて、追視や物をつかむ「リーチング」も可能になる。乳児の手の届くぎりぎりのところで、おもちゃを左右にゆっくりと動かしてみると、そ

のおもちゃを見て手を伸ばし、触れたり掴もうとしたりする。これは、視覚や認知の発達、好奇心の芽生えなどと関係し、自分の意志で周囲と関わり始めたことを示す運動である。

2カ月頃から始まる感覚・運動遊びは、指しゃぶり、ガラガラを握って振る、いないいないばあの遊びを楽しむなど、自ら動いてみて触覚や聴覚などを通じて得られる感覚の世界を楽しみ、自分の体や周りにある人や物を認識する。したがって、3カ月頃までの遊びは、見る、聞く、触る、手足を動かすというような活動を誘い出す遊びやオルゴールメリー等を吊るし、音の出るおもちゃに手を触れたりできるようにしておくとよい。

5〜6カ月頃の特徴は、首のすわりと寝返りであるが、物を立体的に見たり、奥行き（遠近）を感じたりする視覚機能の発達も加わって、目と手の協応運動がさらに上達する。

7〜9カ月頃には、寝返り、ハイハイ、お座りによる身体移動と姿勢保持がほぼ完成する。それによって、目的地へ向かって行き、物をつかんで感覚・運動遊びを行う等の探索活動を楽しむようになる。この時期、その感覚・運動遊びで培われた手先と五感を使って事物に働きかけ、それを変化させたり、構成したりすることを楽しむ。例えば、ティッシュペーパーを箱からとり出すと次の1枚が出てくるなど、自分の操作によって次から次へと物の状態が変わることに魅力を感じる。手指の発達を通して物を操作することを学び取っていくといえる。

10カ月前後には、「ワーキングメモリ」（短期的記憶力）が身につく、視線や指差しを使って相手の「意図」を理解する「共同注意」が成立する、操作的遊びで培った運動・知覚・認知機能を活かして空のコップを飲む、鍋をかき回すなど、保育者の動作をまねたり、見られていることを意識し、駆け引きを楽しんだり、やり取りを楽しめるようになる等、コミュニケーションの土台ができてくる。

1歳を過ぎると、ぬいぐるみに飲み物をあげて、ぬいぐるみが飲んでいるつもり、バックをもって買い物に行くつもり、といったつもり遊びや、積み木を耳に当てて電話の真似をするなど、あるものを何か別のものに見たてて遊ぶ、見立て遊びが多く見られるようになる。

1歳以降は、イメージする力が豊かになって、それが言葉の獲得の基盤になり、言葉で情報を相手に伝える能力が身についてくる。また、「大人」だけで

はなく、「友達」の存在を意識するようになり、「ごっこ遊び」を始めるようになる。1歳後半には、「大人」との世界から友達の存在に関心が移っていく。

3 子どもの発達と保育の内容をめぐる課題

「保育所保育指針」第2章保育の内容においては、「発達過程の最も初期に当たる乳児期には、養護の側面が特に重要であり、養護と教育の一体性をより強く意識して保育が行われることが求められる」とされている。また、この時期の教育にかかわる側面については、発達が未分化な状況であるため、生活や遊びを充実することを通して乳幼児の身体的・社会的・情緒的発達の基盤を培うという考えに基づき、ねらい及び内容を「健やかに伸び伸びと育つ」「身近な人と気持ちが通じ合う」「身近なものと関わり感性が育つ」の3つの視点からまとめている。この教育の側面について、1歳までの乳児期は、養護の側面が特に重要であることや、生活と遊びの充実が強調されていることを考えると、養護を基盤にして教育が成り立っている、そして、その教育とは、乳児の日常の生活と遊びの中から生み出されるものであると考えて、保育をすることが重要である。

ただし、乳幼児の発達は、連続的なものであるし、また、個人差があるため、教育に関しては、乳児保育の3つの視点から、1歳から3歳未満児の5領域、さらに3歳以上児の5領域へと連続するものであることを意識して、この時期の生活と遊びを充実させることが重要である。さらに保育所保育指針の総則4における幼児教育を行う施設として共有すべき事項である、3つの育みたい資質・能力である「知識及び技能の基礎」「思考力、判断力、表現力等の基礎」「学びに向かう力、人間性等」は、生涯にわたる生きる力の基礎を培うために、0歳からの積み重ねにより、育んでいくものである。従って、指針を参考にしつつも、実際の乳幼児の姿と心と体の発達を踏まえた、特に生活と遊びを充実させた保育の内容を工夫し、創造していくことが重要である。

乳児期（0歳～1歳3ヵ月）の保育の内容を考える際の課題としては、まず、保育者との結びつきを強め、信頼関係を築き、愛着関係を形成することがあげられるが、同時にこの時期は、乳児と母親との愛着関係を形成することも重要である。したがって、保育者との愛着関係を築きつつも、乳児と働く母親との安定した愛着関係形成のための支援をすることも重要であるといえる。

2つ目は、個別の担当制保育についてである。乳児は、同じ月齢でも、発達のタイプや速度に個人差があり、授乳の量や時間、睡眠時間等1人1人のリズムが異なるため、担当制保育を中心とした個別保育を行う事が望ましい。ただ、担当保育士のみで保育を行うと、担当保育士が休んだり、早出、遅出の勤務で担当の子に関われない場合もあるため、副担当を決めたり、緩やかな担当制にしたり、職員間の連携を細やかにする等の配慮が必要である。

　3つ目は、家庭との連携、子育て支援についてである。乳児の保育においては、1日24時間を家庭と保育園で分担することになるため、授乳、離乳食、睡眠、排泄、外気浴、散歩、遊び等の活動を細かく連絡しあい、協力して育児をしていくようにする必要がある。昨今、睡眠の重要性が叫ばれているが、両親が共働きで、帰宅が遅い場合、理想の睡眠時間（前掲）に寝ることができない乳幼児も多い。乳児期（乳幼児期）の成長・発達にとって、睡眠をはじめとした生活リズムの形成が後の学校生活に影響を及ぼすことを、保護者に知らせていくことは大変重要である。しかし、基本的生活習慣の形成や1日の生活リズムの形成、また、乳幼児との望ましい関わり等に関して、連携ができにくい家庭もある。そのような場合は、保育園生活の中で、乳幼児の最善の利益を考えた関わりをしていく必要がある。

　4つ目は、入所時の受け入れについてである。保育所への受け入れの際は事前に個別面接をし、乳児の発育状況や生活実態を把握するとともに、母親が抱えている不安や問題を取り除き、安心して仕事ができるようにすることも重要である。その際に、ソーシャルワークの技法である、ケースワークの展開技術を応用し、入所面接の際にはインテーク面接（保護者の問題や悩みを明らかにする）等でしっかりと対応することが必要である。さらに、乳幼児のためには、慣らし保育等を十分行うことも欠かせない。

　5つ目は、乳児保育の専門性を磨いていくことである。今、医学、脳科学、発達認知心理学、教育学等、様々な分野で、胎児期から乳幼児期に関する研究が進み、これまで、分からなかった胎児や乳児の発達などに関して、明らかになってきたことも多い。そのような知見を活かしながら、乳児保育の内容を、目の前の乳幼児に合わせて新たに作り出していくことも必要である。これまで積み重ねられてきた乳児保育の専門性を、その経験を踏まえながらも、新しい理論に基づき、1人1人の乳幼児の成長・発達に合わせて、進化、発展させていくことが、乳児保育の専門性を磨いていくことにつながっていくのではない

だろうか。しかし、そこで忘れてはならないのは、乳児は、自ら行動し、考え、成長する力をすでに備え持っているため、その主体性を尊重した保育内容を工夫することである。

おわりに

　人は、受精後妊娠8週頃になると、「驚愕様(きょうがくよう)」と呼ばれる全身をぴくっと動かす無意識の運動と、ジェネラルムーブメントと呼ばれ、体全体を流暢に動かす全身運動をする。これらは、自ら勝手に動く自発的な運動であるが、これが、初期の胎動である。

　驚愕運動の後、「しゃっくり」や「胸を膨らませる運動」、「あくび」等が出現し、生後の肺呼吸の準備をしていると考えられている。やがて、「腕や足を伸縮する」「頭を動かす」「首を後ろに曲げる」「眼球を動かす」といった多彩な動きを見せ始め、妊娠10週頃胎児の「感覚能力」のうち「触覚」が芽生えると「指しゃぶり」が見られるようになる。指しゃぶりは、「指」と「口」を協調させて動かせるようになったことを意味し、これは、中枢神経である脳の情報回路網が機能し始めたことを示すものといえる。そのほかにも、胎児の吸啜運動（羊水を吸う）、嚥下運動（羊水を飲み込む）は、生後の哺乳に、また羊水におしっこをするという動きは、生後の排泄に引き継がれる。さらに、胎内での指しゃぶり、頭や顔を触る、足を蹴るといった運動は、生後も続く自己の身体の認知、また子宮壁や羊水を触ったり、母親の腸の動く音や外からの音を聞くという胎内での行為も生後、周りにあるものを触ったり舐めたりする等という他者認知へと発展する。

　このように、誕生後に見られる乳児の様々な運動は、胎外で生きていくための準備として、胎児期から着々と準備が行われているものであるといえる。

　昨今、様々な分野で、胎児期から乳幼児期にかけての研究が進められるにつれて、今まで未知の世界であった胎児の様子や運動の意味が明らかになってきた。胎児は、この世に生まれてくる以前から、安全で居心地の良い薄暗い羊水の中で、人とつながろうとして、様々なことを自ら動きながら行っていることを思うと、人として生まれることの不思議さや面白さ、人として生まれてくることの尊さを感じずにはいられない。

　保育園生活の中で、たくさんの子ども達が、乳児、幼児、学童へと成長して

いく姿に接することができる保育という仕事の価値や責任や重みを感じつつ、また、子どもとともにいるという保育という仕事の豊かさに大きな幸せを感じつつ、今後も、乳児期を基盤にした、保育の内容を様々な角度から研究・実践していきたい。

> 演習問題
> 1. 0歳〜1歳3カ月までの発達の特徴について調べてみよう。
> 2. 遊びの意義について考えてみよう。
> 3. 基本的生活習慣についてまとめてみよう。

注
1) 参照：一般社団法人日本赤ちゃん学協会編集、三池輝久・上野有理・小西行郎『赤ちゃん学で理解する——乳児の発達と保育①——睡眠・食事・生活の基本』中央法規、2016年。
2) 同上。

参考文献

一般社団法人日本赤ちゃん学協会編集、小西行郎・小西薫・志村洋子『赤ちゃん学で理解する—乳児の発達と保育②——運動・遊び・音楽——』中央法規、2017年。
伊藤良高・伊藤美佳子『新版　子どもの幸せと親の幸せ——未来を紡ぐ保育・子育てのエッセンス——』晃洋書房、2017年。
厚生労働省「保育所保育指針」2017年。
小西行郎『発達障害の子どもを理解する』集英社、2011年。
榊原洋一・今井和子編『乳児保育の実際と子育て支援』ミネルヴァ書房、2006年。
月岡エミ子『私の人生　子育ていろいろ——桜山保育園と歩んだ35年——』マインド、2008年。
待井和江監修『乳井保育——その理論と実践——』ウェルビーイング、2000年。
待井和江監修『乳児の"最善の利益"を求めて』ウェルビーイング、2000年。
吉本和子『乳児保育』エイデル出版社、2002年。

第8章　1歳以上3歳未満児の発達と保育の内容（I）

はじめに

　2017年3月に改定された保育所保育指針（以下、「保育指針」と略）では、乳児・1歳以上3歳未満児についての記載の充実が図られている。旧・保育所保育指針（2008年3月）では、保育のねらい及び内容がまとめて示されていたのに対し、保育指針では、乳児保育、1歳以上3歳未満、3歳以上と分けて丁寧に示されている。これは、0歳から2歳の時期の保育が重要視されてきているということであり、また、保育者がその時期の子どもの育ちについて知り、丁寧に捉えていく必要があるということでもある。

　本章では、主に1歳3カ月から2歳未満の子どもの発達の特徴と保育内容について述べる。発達の特徴については、具体的な姿を交えながら述べる。イメージしやすくするために、発達の特徴はいくつかの側面に分けて述べる。

　なお、この時期は個人差が大きいことを念頭に置いて読み進めていただきたい。また、側面ごとに分けて特徴を説明するが、それぞれの領域が関連しあって相互的に発達していくということが前提である。また、月齢ごとの平均的な発達段階の枠組みを知ることは重要であるが、実際の子どもを見るときにはその子ども個人の特性も踏まえて連続したものとして考える必要がある。できる・できないという見方や年齢区分だけで子どもの発達をみるのではなく、平均的な発達段階をもとにその子自身の発達の連続性に着目する姿勢が重要である。

1　子どもの発達の特徴（1歳3カ月～2歳）

　保育指針では、1歳以上3歳未満児の発達の特徴について、「この時期においては、歩き始めから、歩く、走る、跳ぶなどへと、基本的な運動機能が次第に発達し、排泄の自立のための身体的機能も整うようになる。つまむ、めくる

などの指先の機能も発達し、食事、衣類の着脱なども、保育士等の援助の下で自分で行うようになる。発声も明瞭になり、語彙も増加し、自分の意思や欲求を言葉で表出できるようになる」と示している。ここから分かるように、この時期は、運動機能の発達、それに伴う探索範囲の広がり、自我の芽生え、発語の増加など、著しい発達が見られる時期である。

では、1歳3カ月から2歳の時期において、具体的にどのような姿が見られるのか、この時期の発達の特徴について、側面ごとに示して行く。

1 運動機能

1歳を過ぎると、つたい歩きが盛んになってきたり、歩行が始まったりと、運動機能が発達していく。1歳半ごろまでには歩行が安定し、歩行での探索活動を楽しむようになる。また、段差や階段等も乗り越えることができるようになる。2歳までには、小走りで走ったりくるくると回ったりする姿も見られる。また物を押したり引いたり、持って歩いたりと様々な動きができるようになっていく。また、手の微細な動きも発達していく。絵本のページをめくったり、小さいものをつまんだりすることができるようになる。歌に合わせて大人の手の動きを真似たり、足と手を同時に動かしたりすることなどもできるようになる。手指の動きが発達するにつれ、スプーンやおもちゃのスコップなども使えるようになる。描画においては、クレヨンやサインペンを使って、なぐり描きをすることができるようになる。

2 食事、睡眠、排泄

離乳食が完了し、乳児食へと移行していく時期である。前歯や奥歯も生え揃ってくると、食べ物を前歯で噛みきり、奥歯で噛み砕くことができるようになる。手づかみ食べから自分でスプーンを持って口に食べものを入れようとしたり、コップを上手に手で持って飲んだりする姿も見られる。食べ物の好き嫌いも出てくる時期である。

睡眠時間は、徐々にリズムが安定してくる時期である。日中は午後に1回、2、3時間のまとまった時間を取れるようになる。

排泄は1回の量が増えていく。1歳半頃からは排泄したことを動作や言葉で知らせることができるようになり、タイミングが合えばおまる等で排泄することもできる。

3　言葉、コミュニケーション

　1歳3カ月ごろからは、喃語の中にもはっきりとした単語が出始める。「バイバイ」や「まんま」、「ブーブー」など特定の言葉を発語することもある。また、行為と言葉が繋がる時期でもあり、例えば、おもちゃを手渡す時に「どうぞ」と発語しながら手渡したり、もう一度絵本を読んでと伝えたい時に「っかい（もう1回）」と人差し指を立てて見せたりするなど、簡単な言葉を理解して動くことができる。物や人の名前も分かるようにもなり、名前を呼ぶと「はい」と手をあげたり、犬を見て「わんわん」と口にしたりする。2歳までには2語文が出始め、言葉での簡単なやりとりをすることもできる。

　また、周囲の子どもへの興味も出てくるころであり、他児の様子を伺ったり、顔などを触ろうとしたりする姿も見られるようになる。

4　自我の芽生え

　1歳をすぎてくると、自我の芽生えが見られるようになる。遊びや生活の中で「〜したい」「〜つもり」といった自分の思いを持ち、行動で示すことができる。例えば、今まで保育者と一緒に行なっていた手洗いで、「自分で手を洗いたい」という思いが芽生えると、保育者の手を振り払うようにしたり、食事でスプーンを自分で持とうとしたりする姿が見られるのである。その反面、自分の意図や欲求に添わないことが起こると、泣いたり怒ったりして訴える姿も見られるなど、自己主張が激しくなる。子ども同士での物の取り合いやいざこざが見られるようになるのもこの頃からである。

　1歳3カ月〜2歳の子どもの発達の特徴について述べてきたが、個人差が大きく、必ずしもこの時期に現れるとは限らない。あくまでも目安であり、この目安をもとに目の前の子どもが今どのような発達段階にいて、どう関わっていくのが望ましいかを考えていく必要があると筆者は考えている。また、ここで述べた発達の特徴というのは、周囲との関わりがあってこそ促されていく。保育者かどのような関わりをしていくのが望ましいのかについて次に考えていく。

2 保育内容

　保育指針では、1歳以上3歳未満の子どもの発達の特徴を踏まえ、保育の「ねらい」と「内容」について、「健康」「人間関係」「環境」「言葉」「表現」の5領域にまとめて示し、「生命の保持」及び「情緒の安定」に関わる保育の内容と一体となって展開されるものであるとしている。
　では実際、どのような関わり方や保育を実践していくべきなのだろうか。保育指針に示されたねらい及び内容について概観しながら、1歳3カ月～2歳の時期の子どもの保育について考えていく。
　「健康」は、「健康な心と体を育て、自ら健康で安全な生活をつくり出す力を養う」として「明るく伸び伸びと生活し、自分から体を動かすことを楽しむ」などのねらいのもとに、食事、睡眠、排泄などの基本的生活習慣の形成や体を動かすことを楽しむこと等7点が示されている。1歳児クラスであれば、クラスの中に1歳から入園してきた子が半数以上を占めることもあるだろう。まずは、子どもが安定して生活できるように、信頼関係を育くんでいくことが重要である。その上で、1人1人に応じた生活リズムを把握し、保育所における生活リズムを形成していけるようにする。そして保育所での生活や遊びの中で、1人1人に応じた援助をしていく必要がある。例えば、歩行が安定してくると段差を登ろうとしたり、一見危険なことをしたりする姿がある。それらを危ないからと全て止めていては、子どものやってみようという気持ちや運動機能の発達を妨げることに繋がる。そのため、安全な環境で、登ったり段差を超えたりできる場所を用意するなど、子どもの興味や発達に応じて環境を提供することが保育者の行動として考えられる。また、食事や衣服の着脱、排泄においては、自分でやってみようとする気持ちの芽生えが見られた子どもに対しては、全て保育者が行うのではなく、こぼしたとしてもスプーンを使おうとする姿を認めたり、オムツやズボンを履く際に子どもが自分で足をあげたり服を引っ張ろうとすることができるように間を作っていくことが援助として考えられる。また、睡眠のリズムが整わないという子がいたとすれば、家庭でどのような生活リズムであるのかを把握し家庭と連携して保育所でのリズムを考えていくこともある。
　「人間関係」は、「他の人々と親しみ、支え合って生活するために、自立心を

育て、人と関わる力を養う」とし、「保育所での生活を楽しみ、身近な人と関わる心地よさを感じる」などのねらいのもとに、保育士や子ども同士の関わりについての内容が示されている。留意事項としては、子どもの気持ちを尊重し適切な援助を行うことや保育士が仲立ちとなって相手との関わりを丁寧に伝えて行くことなどが示されている。1歳をすぎると、「あの絵本・おもちゃが欲しい」という気持ちや他の子への興味などから、他の子が持っていても取ろうとし、物の取り合いが起きることがある。そういった時にも、単に「だめ」と叱るのではなく「〜が欲しかったんだね」と気持ちを受け止めつつ、取られた相手の気持ちも伝えたり、「貸して」と伝えるよう促したりしていく必要があるということである。また、この時期の子どもの友達への興味を大切にし、他の子と関わることの喜びを感じられるようなやりとりをしていくことも重要である。

「環境」は、「周囲の様々な環境に好奇心や探究心をもって関わり、それらを生活に取り入れていこうとする力を養う」とし、「身近な環境に親しみ、触れ合う中で、様々なものに興味や関心をもつ」などのねらいのもとに、探索活動で五感の働きを豊かにすること、玩具や絵本、身近な生き物などの周囲の環境に興味をもつことなどが示されている。子どもたちは、周囲の環境に興味を持ち自ら関わっていく。例えば、散歩中に鳥を見つけた子どもがいれば、危険のないように立ち止まる時間を作り、鳥を見つけた喜びを共有したり鳴き声を聞いたり動きを見たりなどして、子どもの興味・関心を大事にしながら気づきを促すことが考えられる。見たものには何にでも触れたり口に入れたりする姿もあるため、危険のないようにしながら、周囲の自然や動物、物に関わっていけるようにすることが大事である。

「言葉」は、「経験したことや考えたことを自分なりの言葉で表現し、相手の話す言葉を聞こうとする意欲や態度を育て、言葉に対する感覚や言葉で表現する力を養う」とし、「言葉遊びや言葉で表現する楽しさを感じる」などのねらいのもとに、言葉を使おうとすることや挨拶、言葉のやりとりを楽しむことなどが示されている。留意事項としては、保育士等と言葉のやりとりが楽しい雰囲気の中でできるようにすることや、保育士が子ども同士の仲立ちをすること、発達状況に応じて遊びや関わりを工夫することが挙げられている。例えば、まずは1〜2歳の子どもが興味を持つような絵本を揃え環境として配置したり、わらべ歌などを歌ったり、子どもの行動や思いをわかりやすい言葉で代弁

してやりとりをしたりすることで、日頃から言葉に触れられる機会を作っておくことが重要である。そういった生活や遊びの中で、子どもの発語や言葉の模倣によるやりとりを一緒に楽しんでいくことが大事である。

「表現」は、「感じたことや考えたことを自分なりに表現することを通して、豊かな感性や表現する力を養い、創造性を豊かにする」とし、ねらいとして「感じたことや考えたことなどを自分なりに表現しようとする」などをあげている。内容としては、様々な素材に触れて楽しむこと、音楽やリズムに合わせた体の動き、手遊びや全身を使った動きを楽しむことなどが示されている。留意事項には、生活や遊びの中での子どもの表現を受け止め、それを豊かにつなげること、子どもが試行錯誤しながらの表現を適切に援助すること、発見したり心が動いたりするような素材や遊びを用意することなどが挙げられている。「表現」のイメージは、音楽や描画が浮かびやすいかもしれないが、それだけにとどまらず、生活の中での音に気づくこと、砂や水などの素材の感触に触れて楽しむこと、自分の思いを表現することなどもあてはまる。飛行機や救急車の音が聞こえるとハッと気にして指差したり見に行ったり、落ち葉を踏む感触を楽しんだりと普段の遊びや生活の中での子どもが音や素材に親しむ姿はある。そういった子どもの様子から、「～がわかったんだね」「ふわふわだね」などと子どもの気づきを言葉にして共感し応答することなどが考えられるだろう。

5つの領域を概観したが、保育指針では、保育の実施に関わる配慮事項として、感染症に罹患しやすいため日常の健康観察を十分に行い保健的な対応を心がけること、事故防止に努めながら環境を整え様々な遊びを取り入れること、自我が形成される時期であることから子どもの自発的な活動を尊重するとともに促していくこと、担当の保育士が替わる場合には職員間で協力して対応することの4点をあげている。以上のことも意識しながら日々、保育にあたることが重要である。

おわりに

個人差が大きいため、1人1人の発達状況を鑑みて個々に応じた対応をしていくことは重要であり保育者の責務であると同時に、保育所においては厳しい側面もある。「児童福祉施設の設備及び運営に関する基準」では、1・2歳児に関して、大人1人につき子ども6人という規定になっている。実際、この比

率以下になるように保育士が配置されるが、個々の子どもを丁寧に見て対応していくには難しいのが現状である。そのような中で、1日の流れにおいて、いかに1人1人に関わり対応していくかを考えることが保育者には求められる。また、冒頭にも述べたように、発達を連続的に見ていく姿勢も必要である。

【演習問題】
1．保育所保育指針の第2章「保育の内容」を読んでみよう。
2．1歳3カ月以上2歳未満の子どもの発達についてまとめてみよう。
3．この時期に応じた遊びを考えてみよう。

参 考 文 献

心理科学研究会編『育ち合う乳幼児心理学――21世紀に保育実践とともに歩む――』有斐閣、2000年。

乳幼児保育研究会『発達がわかれば子どもが見える　0歳から就学までの目からウロコの保育実践』ぎょうせい、2009年。

丸山美和子『保育者が基礎から学ぶ乳児の発達』かもがわ出版、2011年。

第9章　1歳以上3歳未満児の発達と保育の内容（Ⅱ）

はじめに

　本章では、1歳以上3歳未満児（以下、「2歳児」とする）の発達の様相を概観し、その上で、2歳児の幼児に適した保育の内容について解説する。生後2年の子どもは、移動能力、象徴世界、言葉、社会性などの様々な側面において、急速な発達を示す。親や保育者の立場からみれば、子どもたちの成長は目をみはる思いがする時期であり、彼らの成長に応じてかかわり方も工夫や柔軟性が求められるといえよう。

　心理学の領域では、2歳児の発達について、ピアジェ（Piaget, J.）、エリクソン（Erikson, E. H.）など代表的な研究者による発達理論が提唱されている。ピアジェの理論は、子どもの認知的側面に重点を置いた考え方であり、エリクソンの漸成（ぜんせい）発達理論は生涯発達の一時期としての幼児期前期における発達課題を定め、その達成割合について論じた考え方であるといえる。

　本章では、様々な発達心理学の知見をまとめた上で、実際の保育現場における問題を取り上げ、子どもとかかわるためのポイントについて論じたい。

1　2歳児の発達

　エリクソンの漸成発達理論では幼児期前期、およそ2歳頃の発達課題を「自律性対恥と疑惑」としている。エリクソンによれば「永続的な自律と自尊の感覚は、『自己評価を失っていない自己統制』の感覚から生まれる。そして永続的な疑惑と恥の感覚は、筋肉と肛門の無能感や自己統制の喪失感や両親から過剰に統制されすぎるという感覚から生まれる[1]」という。2歳児はトイレット・トレーニングを行う時期だが、排便はときに肛門に苦痛をともなう行為であり、子どもにとって時に超えるのが困難なハードルとなる。また、おむつを外

すことも、同様に夜間に尿意を自覚しコントロールできるようになるハードルである。これらのコントロールには個人差があり、子どもによっては就学後もおむつが外れない場合がある。親としてはわが子のしつけに対する焦りは仕方ないが、子どもが排泄に伴う失敗感を助長しないよう、適度に大らかなかかわりが望ましい。

　ピアジェの認知発達理論では、2～7歳までの子どもの発達について、行動の社会化、思考、直観、感情生活の4つに分けて論じている。そのうち2歳頃の初期の発達の特徴について注目すると、ピアジェは「初期の社会的行動は、まだ、真の社会化の途上にありつづけていることが、しめされる。自分の見地から脱却して、他人の見地に共応する代りに、個人はまだ、無意識的に、自分自身の上に中心化したままになっている。(行動の社会化)…(中略)…純粋な自己中心的思考は、この種のはたらきの中で、あらわれる。これをシンボルのあそびとよぶことができる。(思考の発生)…(中略)…幼児の思考の中で、1つのことがらが目につく。すなわち、いつも、断言しているのに、決して立証しないという点だ。(直観)…(中略)…物体に関する行為のばあいにも、人間に関する行為のばあいにも、いつでもどこでも、2つの要素(感情と知的機能)が、介入してくる。というのも相互に前提とし合っているからだ。(感情生活)」と述べている。[2] ピアジェが提唱した概念としては、子どもの自己中心性とシンボル遊び、アニミズム[3]等がよく知られているが、2歳児の発達の様相を捉える際にも、上記の4つの側面がある程度未分化な状態で複雑に絡み合って、次の発達段階へと成長が進むと説明されていることがわかる。

　精神分析学者のマーラー(Mahler, S. M.)は、生後4～5カ月から24カ月頃までの子どもと母親の関係性の変化について、「分離―個体化」の理論を唱えている。バーグマン(Bergman, A.)とマーラーによれば、個体化とは「(1)特別な言葉による物の命名、および欲求の表現という面での言語発達。…(中略)…(2)内化過程、それは母親や父親に付与する「良いもの」との同一化の行為、および、規則や要求の内化(超自我のはじまり)の両方から推測され得る(3)熟練のための遊びの利用ばかりでなく、象徴的遊びを通じて願望や空想を表現する能力の進歩」と述べている。[4] マーラーは、子どもが母親から分離する過程で発達していく様相を論じた研究者であるが、遊びにかんする考え方などはピアジェの影響も受けている。いずれにせよ、子どもは2歳頃にかけて、母親との適切な心理的距離を維持しつつ、個としての歩みをはじめるという考え方が

発達心理学者であるスルーフ(Sroufe, A.)によれば「外の世界へ入っていけば、赤ちゃんは当然自分はお母さんとは別個の人間なんだという感じを抱くようになります。これは"自己概念を形成する"上でどうしても必要なことなのです。(18〜24カ月)。お母さんから離れることへの不安、それを克服して新しく身につけた自主性を保ち続けること、それに自分の能力の限界をだんだんに知っていくこと、これは2歳児の課題です」と述べている。[5] マーラーの理論ともつながるが、2歳児は母親との距離感をうまく調節しながら自分の中の不安を乗り越え、自分の世界を広げていく最初の入り口に立つ存在であるといえるだろう。

発達心理学者のマッコール（McCall, R. B.）は、図9-1のように乳幼児の言語発達の速度について述べており、2歳児の特徴として、「単語を組み合わせ

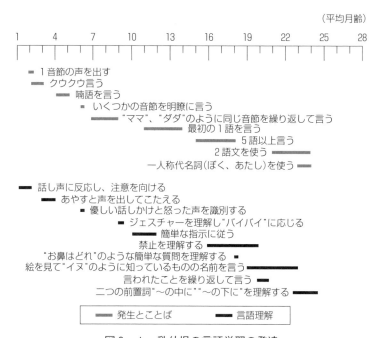

図9-1　乳幼児の言語学習の発達

注：生後2年間に生じる言語発達の指標。示してある平均月齢はおおよそのもので、線の長さは、いくつかの研究結果をまとめたために生じた月齢の幅を表す。

出典：McCall, R. B. (二木武訳)『0・1・2歳児——こころとからだの発達——』医歯薬出版、136頁。

て2語文を言い始め…（中略）…この段階になると、新しい言葉の組み合わせが、彼らの口から文字通りあふれ出る」という。親や保育者は子どもの驚異的な言語発達に驚きつつも、微笑ましく見守る時期であるということができよう。

2　2歳児の保育内容

　2歳児の保育内容については、厚生労働省「保育所保育指針」(2017年3月31日告示、2018年4月1日適用；以下、「保育指針」と略）では、旧保育所保育指針（2008年告示、2009年4月1日適用）に比べ、「1歳以上3歳児未満児の保育に関わるねらい及び内容」（第2章第2節）において、保育内容5領域ごとに詳細な説明が行われているのが特徴である。基本的事項として、「この時期においては、歩き始めから、歩く、走る、跳ぶなどへと、基本的な運動機能が次第に発達し、排泄の自立のための身体的機能も整うようになる」とし、保育士が適切に対応することを促している。また、内閣府・文部科学省・厚生労働省「幼保連携型認定こども園教育・保育要領」（2017年告示、2018年4月1日施行；以下、「教育・保育要領」と略）も、「満1歳以上満3歳未満の園児の保育に関するねらい及び内容」（第2章第2節）の部分は、保育指針の上記とほぼ同じ内容となっており、配慮すべき事項では、双方ともに感染症への注意や探索活動ができる環境整備、子どもの情緒的安定を図ること、職員間の連携協力に留意するよう明記している。

　保育指針における満1歳以上満3歳未満の園児における保育内容の5領域について概観する。第1に「健康」は、子どもの体の成長を運動面も含め促す活動であり、食事や午睡、遊び、衣類の着脱、身の回りを清潔に保つこと、排泄習慣の習得などが挙げられる。第2に「人間関係」は、他者と関わる力を養うことであり、保育士や他の子どもとの関わり方を徐々に身につけ、遊びを通じて、決まりがあることとその大切さに気づくことなどが挙げられている。第3に「環境」は、子どもが周囲の様々な環境に好奇心や探究心をもって関わることを促すことであり、見る、聞く、触るなどの経験を通じて感覚を豊かにし、玩具や絵本などに興味をもって、遊びを楽しみ、身近な生き物への親しみ、近隣の生活や季節の行事にも関心をもつことなどが挙げられている。第4に「言葉」は、経験したことや考えたことを自分なりの言葉で表現し、言葉に対する感覚や表現力を養うことであり、言葉遊びなど表現の楽しさを感じ、人の言葉や話を聞き、自分が思ったことを伝えること、絵本や物語に親しみ、身近な人

と言葉で気持ちを通わせることなどが挙げられている。最後に第5として「表現」は、感じたことや考えたことを自分なりに表現することを通じ、豊かな感性や表現する力、創造性を豊かにすることであり、水、砂、土、紙、粘土など様々な素材に触れて楽しむこと、音楽、リズムやそれに合わせた動きを楽しむこと、歌を歌ったり、簡単な手遊びなどを楽しむことなどが挙げられている。保育士は、これらの5つの内容をふまえつつ子どもたちを適切に関わることが求められている。

　杉山弘子[7]は、2歳児の生活と保育で大切にしたいこととして、3つの点を挙げている。第1が「自分で」を支えながら見通しを育てることで、「子どもたちの認識の発達をふまえた内容と場面の支えを大切にしながら、見通しをもって行動する力を育てていくことが重要」としている。第2がことばでの伝え合いであり、「要求があるときや困っているときには、どのように表現すれば相手に伝わるのか、助けが得られるのかを子どもに応じて具体的に示すことで、ことばでの表現を育て、気持ちのよい生活の送り方を伝えていくことが大切」という。第3はトラブルと仲間関係であり、「自分の活動を大事にすることと友だちを受けとめようとする気持ちを尊重しながら、仲間関係を育てていくことが大切」であると述べている。ここでは、子どもの見通しをもつ力、コミュニケーション能力、共感能力などについて、保育者が見守りながら保育することの重要性が示されている。これらは保育指針や教育・保育要領とほぼ同様の内容を示しており、いずれにせよ、保育者は子どもたちが年齢に応じてどのような体験を積むことが望ましいかしっかり把握し、安定した環境の中で、それぞれの子どもたちがもつ個性を伸ばす保育を実践していくことが望まれるといえよう。

おわりに

　2歳児は、生涯発達的観点からみても、まさに新しい世界への旅立ちの発達段階を生きているといえるだろう。子どもたちは、保育者や親がなかなか感じることができない新鮮な喜びや楽しみを日々感じながら、成長していく。大人の側が子どもたちの瑞々（みずみず）しい感性をゆとりをもって受け止めながら、子どもたちそれぞれの個性に合わせて、育ちの環境に携わる様々な立場の人々が相互に連携を保ちながら、よりよい成長につながることを目指すことが必要となる。

子どもたちのそうした喜びを共有し、日々の保育や子育てをともに楽しめれば、子どもたちの育ちだけでなく、保育者や親の側もそれぞれの立場での成長が期待される。今後、こうした発達が互いに影響を及ぼしながら進んでいくといった観点をもちつつ、2歳児の保育や子育て支援に取り組むことも重要であろう。

[演習問題]
1. 子どもの発達に関する様々な理論について、まとめてみよう。
2. 保育所保育指針の内容を実際に読んで調べてみよう。
3. 2歳児の保育や子育てを通じ、大人の側が関わる際に気をつけることはどんなことがあるか、考えてみよう。

注
1) エリクソン，E. H.（小此木啓吾訳編）『自我同一性——アイデンティティとライフサイクル——』誠信書房、1973年、79頁（Erikson, E. H. *Identity and the life cycle*, International University Press, 1959）。
2) ピアジェ，J.（滝沢武久訳）『思考の心理学』みすず書房、1968年、28-42頁（Piajet, J. *Six études de psychologie*, Gonthier, 1964）。
3) 「子どもが、ものを、生きたものとして、かつ意図が与えられたものとして考えようとする傾向」のこと。ピアジェ前掲書。
4) バーグマン，A. & マーラー，S. M.「第2下位段階：再接近（Rapprochement）」マーラー，S. M.，パイン，F.，& バーグマン，A.（高橋雅士・織田正美・浜畑紀訳）『乳幼児期の心理的誕生——母子共生と個体化——』黎明書房、2001年、119-120頁（Mahler, S. M., Pine, F., & Bergman, A. *The psychological birth of the human infant*, Basic Books Inc., NewYork, 1975）。
5) スルーフ，A.（武井博訳）『スルーフ博士の育児書——よい性格を育てる心の育児——』玉川大学出版部、1984年、217頁（Sroufe, A. *Knowing & enjoying your baby*, Prentice Hall, 1978）。
6) マッコール，R. B.（二木武訳）『0・1・2歳児——こころとからだの発達——』医歯薬出版、1981年、136-137頁（McCall, R. B. *Infants*, Harvard University Press, 1979）。
7) 杉山弘子「2歳児」、心理科学研究会編『育ちあう乳幼児心理学——21世紀に保育実践とともに歩む——』有斐閣、2000年、137-141頁。

参 考 文 献

新井邦二郎編『図でわかる発達心理学』福村出版、2009年。

小野寺敦子『手にとるように発達心理学がわかる本』かんき出版、2009年。

鳥居照美『新装版　子どもの絵の見方、育て方』大月書店、2004年。

第10章 乳児保育の指導計画と記録

はじめに

　保育者が日々の保育を行う上で重要なものが、保育の計画である。子どもの現在の姿を見取り、こうなってほしいというねらいや思いをもとに、どのような環境を用意し、どのような関わりをしていくかを考え、実践していく元となるものだからである。

　この保育の計画には、大きく分けて2つある。「全体的な計画」と「指導計画」である。全体的な計画とは、保育所保育所指針（2017年。以下、「保育指針」と略）の「保育の計画及び評価」で述べられているように、「各保育所の方針や目標に基づき、子どもの発達過程を踏まえて、保育の内容が組織的・計画的に構成され、保育所の生活の全体を通して、総合的に展開されるよう」作成された計画のことである。旧保育所保育指針（2008年）では「保育課程」と示されていたものにあたり、各園によって異なるものである。園の方針や目標、園の特徴、子どもの0歳から6歳までの発達過程、ねらい、保育者の配慮などが示されている。各園で作成された全体的な計画は、「保育所保育全体像を包括的に示すもの[1]」であり、これに基づいて、保育者が日々の保育実践を行うためのより具体的な「指導計画」を作成していくのである。指導計画の作成にあたって、子どもの生活や発達を見通し具体的な子どもの日々の生活を反映させるためには、日々の保育の記録が欠かせない。日々の保育の中での子どもの姿を記録し、それらを踏まえて、全体的な計画と関連させながら、指導計画を作成していくことが保育者に求められる。

　本章では、この指導計画について、特に乳児保育における指導計画についての基本的な考え方や内容について述べる。また、指導計画の作成に必要な保育の記録の方法についても、意義や重要性と併せて示していく。

1　指導計画の基礎

　指導計画には、2種類ある。「全体的な計画に基づき、具体的な保育が適切に展開されるよう、子どもの生活や発達を見通した長期的な指導計画」[2]と、長期的な計画に「関連しながら、より具体的な子どもの日々の生活に即した短期的な指導計画」[3]である。年間計画や月案などが長期的な指導計画、週案や日案が短期的な指導計画にあたる。

　年間計画は、年度始めまでに作成されるもので、月や学期ごとに、それぞれの時期のねらいや保育の内容等を示してあることが多い。時期の区分としてよく用いられるのは、I期（4〜6月）、II期（7〜9月）、III期（10〜12月）、IV期（1〜3月）という4期に分けるものである。月案は、前月までの子どもの姿を元に年間計画と照らし合わせながら、1カ月単位での保育の計画をより具体的に作成していくものである。週案や日案は、さらに具体的な1日の流れや活動内容、それにともなう環境構成、予想される子どもの姿、保育者の援助、評価の方法などを詳細に記したものになる。つまり、保育者は、年度初めに作成した年間計画に基づいて、1カ月ごとに月の指導計画を作成し、さらに1週間や1日単位でのより具体的な指導計画を日々作成していくのである。

　指導計画は決められたフォーマットなどはなく、園や自治体によって様々であるが、指導計画の作成にあたって留意しなければならない事項は共通である。保育指針では、「子ども一人一人の発達過程や状況を十分に踏まえる」こと、「保育所の生活における子どもの発達過程を見通し、生活の連続性、季節の変化などを考慮し、子どもの実態に即した具体的なねらい及び内容を設定すること」、「具体的なねらいが達成されるよう、子どもの生活する姿や発想を大切にして適切な環境を構成し、子どもが主体的に活動できるようにすること」、「長時間にわたる保育については、子どもの発達過程、生活のリズム及び心身の状態に十分配慮して、保育の内容や方法、職員の協力体制、家庭との連携などを指導計画に位置付けること」などが示されている。

　では、乳児保育の指導計画を作成する際、どのような点に留意すればよいのであろうか。保育指針では、「3歳未満児については、一人一人の子どもの生育歴、心身の発達、活動の実態等に即して、個別的な計画を作成すること」と述べられている。個人差の大きい時期である乳児期においては、子ども1人1

人に応じた個別的な計画を作成することが必要なのである。保育者は、クラス全体の指導計画に加えて、子ども1人1人に応じた計画を立てなければならない。

例えば、乳児の個別的な計画は、月の指導計画とともに作成していくことが考えられる。0歳児クラスであれば、1カ月経つと、午睡や食事の状況、子どもたちの行動範囲も大きく異なってくる。先月までハイハイをしていた子が歩行できるようになっていたり、離乳食の形態が変化したりする。また、ハイハイしている子もいれば、すでに歩行できる子がいるなど同じクラスでも個人差が見られる。1人1人の発達の変化が大きく、また個人差もあるため、クラス全体の月の指導計画とともに1カ月単位での個別的な指導計画を立てていくのである。個別的な計画には、子ども1人1人の現在の姿、そこから考えられる1人1人の今月のねらい、そのねらいを達成するための個別的な援助や環境構成、家庭と連携すべき点などを示していく。

日案や週案で個別的な計画を考える場合には、具体的な活動の流れの中で、1人1人にどのように姿が予想されるか、その姿にどう関わっていくかなどを入れ込むと良いだろう。例えば、散歩に行く予定の日案を作成した場合、歩行できる子に対する援助とそうでない子に対する援助は違ってくる。歩行できる子であれば手をつないで歩いたり、ハイハイの子であれば行き帰りはバギーに乗っているが目的地に着いたらバギーから降りて過ごしたりと、同じ散歩でも1人1人の活動には違いがあるのである。そのような個人差を、日案や週案で個別的な計画として位置付けていくと良いだろう。

保育指針では、保育の内容について、乳児期の保育に関わるねらい及び内容についての記載の充実が図られた[4]。これは、暦年齢ではなく、個々の子ども達の発達の連続性を丁寧に捉え、乳児期の子ども1人1人の育ちぶりに合わせたねらいや保育内容を考える重要性が指摘されてのことである。このようなところからも、乳児保育についての個別的な計画を立てることの重要性がうかがえる。

2　乳児保育の記録

乳児期の指導計画は、個別的な計画を作成することが求められていることは先述したとおりである。個別的な計画を立てる際に重要なのが、子どもの姿の

把握であり、それを支えるのが保育の記録である。では、実際に、どのように記録を取り、計画に反映させていくのかというところについて考えてみたい。

保育者は、日々の保育を、日誌や連絡帳など何らかの形で記録しているはずである。連絡帳は、子どもについての情報を保護者と共有するためのツールであるため、日々の記録というより保護者へ向けた報告や連絡を含んだ性質のものである。そういった連絡帳とは別に、保育に関する記録を保育者は日々行わなければならない。乳児であれば、クラス全体の記録に加えて、毎日1人1人の個人的な記録を記していく。その記録には、その日の保育について起こったことなどを記し、まとめているだろう。個別的な指導計画につなげるための記録において重要なことが、「事実と解釈を分けて記録すること」である。これは一見、簡単なようで難しい。例えば、絵本の読み聞かせをした時の子どもの様子を記録するとする。次の2つの記録の違いを考えてみてほしい。

　ア．「Aちゃんは、絵本『〇〇』を楽しそうに聞いていた」
　イ．「Aちゃんは、絵本『〇〇』のページをめくるたびに目で追い、絵を指差したり、擬音語のところでは『ぷぅ』と発語したり、声を出して笑ったりしていた」

アの文章は、「楽しそうに聞いていた」という記録者の主観的な「解釈」が記されているのに対し、イの文章は、具体的な子どもの行動や表情など「事実」が記録されている。後で見返した際に、具体的に子どもの姿が思い浮かぶのはイではないだろうか。また、イに記録したようなAちゃんの姿があったからこそ、「Aちゃんは絵本を楽しんで聞いていた」とアのように解釈できるのである。このように、事実を記録し、その事実を根拠に、子どもがどのような思いを持っていたか、どのような気持ちだったかを解釈することによって、子どもの姿をより丁寧に捉えることができるのである。個人差の大きい乳児期においては、1人1人の行動や言葉、表情などの事実を細かく記録し解釈することによって、個別的な指導計画へ反映させやすくなる。

もちろん、記録者の主観を完全に排除して事実を記録することは難しいが、日々の保育の記録において、事実と解釈の違いを意識して記録するだけで、記録の内容が変わってくる。記録には、最低2つの欄を設け、事実を時系列に書いていく欄とそれに対する保育者の解釈を書く欄に分けると、事実と解釈の違いを意識して記録しやすく、後で見返しやすいものとなる。複数担任の場合で

も、記録の仕方を統一しておけば、一緒に振り返りをしやすく、お互いの解釈について話し合うことが可能になるだろう。

とはいえ、特に乳児期は保育中、一瞬たりとも目を離せない。保育中に完全な記録を書くことはほぼ不可能である。しかし、保育の記録のためには数行のメモや写真1枚でもいいので残しておくといいだろう。そうすればその日の子どもの午睡中など時間が取れる時に、メモや写真を見返しながら、事実を記録し、解釈していくことができる。

以上のように毎日記録していくことは非常に労力のいることであるが、指導計画の作成のためには必要不可欠である。保育雑誌や書籍、インターネット上には、年間計画や月案の例が掲載されており、そのまま活用できる仕様になっているものもある。しかし、目の前の子どもの姿を記録し、そこから指導計画を作成していかなければならないのであり、それこそが保育者の専門性を示していく部分であるともいえる。日々の記録を大切にし、目の前の子どもの姿に適した指導計画を作成していくことが保育者には求められるのである。

3 指導計画の展開

指導計画を作成したら、保育実践を行い、その振り返りをしなければならない。保育実践を行うにあたっては、指導計画に沿って保育を行っていくが、必ずしも指導計画通りに進める必要はない。特に、短期計画は、天候や子どもの体調など突発的な事柄に左右されることも多く、また、具体的な指導計画であるからこそ、ねらいどおりの活動にならないこともある。特に、乳児期においてはなおさらである。そのため、指導計画通りに進めることに重きをおく必要はなく、目の前の子どもの姿を見て柔軟に活動や流れを変えて行くこともまた重要である。

そうして行った保育実践について振り返りを行う。ただし、先述したように指導計画通りに保育が行えたかを見るのではない。保育実践の中で、どのような子どもの姿があり、どのような環境構成や保育者の援助があったかを振り返るのである。

週案や日案などの短期計画を振り返る場合は、予想した子どもの姿に対して実際の子どもの姿はどうだったかを振り返り、それらを踏まえて、ねらいや目標が適切だったか、環境構成や保育者の援助は適切だったかを評価し、次の計

画へとつなげていく。指導計画通りでなければ、目の前の子どもの姿から柔軟に対応していくことができたかどうかも振り返る必要がある。

　月案や年間計画など長期的な指導計画を振り返る際は、日々の保育の記録をもとに、振り返るのがよいだろう。日々の子どもの姿と照らし合わせて、ねらいや目標が適切だったかなどを見直していく。必要であれば年間計画等の見直しを行うこともあるだろう。

　また、個別的な指導計画に関しても、１人１人どのような姿が見られたか、環境や援助は適切だったかを同様に振り返り、次の計画につなげていくのである。

おわりに

　これまで乳児保育における指導計画についての基本的な考え方と記録の方法について述べてきた。個人差が大きい乳児期においては、子ども１人１人の姿を記録し、適切な指導計画を作成・展開していくことが、保育者には求められるのである。このように保育実践を記録し、計画を作成することは、保育の質の向上にも関わる重要な部分である。保育者が目標や意図をもって保育を行い、その保育を振り返り、省察し、次の保育計画を立て、また実践するといういわゆるPDCAサイクル[5]を回していくのに必要なものだからである。保育の専門性が問われる部分でもあり、簡単な作業ではない。日々、保育実践をし、記録をし、指導計画について振り返り、次に繋げるという連続性のある営みとして、取り組んでいかなければならないのである。

|演習問題|
1．保育所保育指針の「保育の計画及び評価」について読んでみよう。
2．乳児保育の指導計画をインターネット等で調べてみよう。
3．具体的な乳児期の子どもの姿を想定し、実際に日案を作成してみよう。

注
1）厚生労働省「保育所保育指針」(2017年3月)。
2）同上。
3）同上。
4）厚生労働省「第7回保育士養成課程等検討会【資料1-2】」2017年6月。

5) 組織マネジメント等のためのサイクルとして表されるもの。Plan（計画）、Do（実践）、Check（評価）、Action（改善）の4要素の頭文字からなる言葉。

参 考 文 献

今井和子監修『0・1・2歳児の担任になったら読む本　育ちの理解と指導計画（教育技術新幼児と保育MOOK）』小学館、2014年。

開仁志『個性がキラリ　0・1・2歳児の指導計画の立て方（保育わかばBOOKS）』中央法規出版、2017年。

開仁志編『これで安心！　保育指導案の書き方──実習生・初任者からベテランまで──』北大路書房、2008年。

第11章　乳児保育における職員間、関係者・関係機関間の連携

はじめに

　乳児保育では、職員間、関係者（民生委員児童委員、主任児童委員、NPO法人、ファミリーサポートセンター事業協力会員、近隣の人々等）・関係機関間の連携は重要な意味を持つ。なぜなら、大豆生田啓友が指摘するように、「人やモノとの対話を通じて行われる学びの世界は、乳児期からもすでに存在する」からである。つまり、乳児は身近な人との関わり、特に母親、父親などの保護者や家族（以下、「保護者」という）、そして保育士、保育教諭など（以下、「保育者」という）との相互作用を通じて成長、発達を遂げるのである。

　上述したように、乳児保育では、身近な保護者や保育者、そして地域の関係者・関係機関との関わりから子どもは豊かに育まれる。それは、保護者だけ、保育者だけ、というのではなく保護者、保育者、関係者・関係機関などが連携、協働して子どもの育ちが支えられている。

　そこで、本章では、乳児保育における保育者等職員間、保育者と保護者の連携及び関係者・関係機関間の連携について考察したい。なお、本章では職員については、保育者を中心に述べることにする。

1　乳児保育における保育者等職員間の連携と人間関係

　乳児保育では保育者等職員間の連携が重要なことは言うまでもない。厚生労働省「保育所保育指針」（2017年3月。厚生労働省告示第117号。以下、「保育指針」と略）でも、保育、食育、健康、虐待、子育て支援など、多くの場面で職員の連携についての指摘がある。

　例えば、乳児の離乳食についても調理員（管理栄養士や調理師など）、看護師、保育者、それぞれが連携することで、乳児1人1人の離乳食が進められていく。

さらに、その結果を今後は保護者に伝え連携するのである。これは、普段の保育でも同様であり、職員間の連携が子どもの育ちを支えると言っても過言ではない。
　しかし、職員間の連携が適切に図られるためには、良好な人間関係が必要となる。つまり、保育所や幼保連携型認定こども園、小規模保育事業所など（以下、「保育施設」という）では、職員間の関係性が重要な意味を持っている。なぜなら、職員間の人間関係は乳児保育だけでなく、保育施設全体の保育の質に大きな影響を与えるからである。つまり、乳児保育では、まず、職員間の関係性に着目し、保育の質を担保するためにも、職員間の良好な人間関係の構築に留意する必要がある。
　保育施設においては、職員間が良好な人間関係の中で保育やそれぞれの職務に当たることによって、職員自身も安定した心理状態のなかで職務を遂行できる。このような心理状態は乳児との関わりにも影響し、穏やかで乳児を十分に受容することができるのである。その結果、大場富子が述べるように、子どもは、「人生の初期に人とのかかわりを通して心地よい体験をたっぷり積み重ねられたことが基盤となり、その後の人との関係を肯定的に能動的に求めるようになる」[2]のである。また、市川寛子は、「乳幼児期から学童期は、その後の長い人生にわたって人間関係を形成する能力の基礎を身につけるときである」[3]と指摘する。このように、乳児と職員との関わりが乳児の成長に影響を与えるのである。同時に、人間関係の基礎を培う乳児保育において職員の人間関係はある意味、乳児のロールモデルになるのである。
　もう1つ、職員間の共通理解も重要である。乳児保育では、見通しをもった乳児（入園当初）から小学校入学始期（卒園）までの一貫性のある保育計画が必要である。そこでは、乳児保育担当者は、保育施設全体に対して、乳児の生活や発達の状況について十分な情報の提供・収集、そして、乳児の発達を理解した上での課題を明確化して保育計画を作成する必要がある。[4]乳児保育の1日は目まぐるしく、職員間の共通理解は必要不可欠である。例えば、口頭のみで報告・連絡・相談をするだけでなく、ホワイトボードや連絡ノートを使うなど共通理解のための工夫が必要である。
　さらに、現在の保育施設では職員の働きかたの違い（正規職員、非正規職員など雇用・就労形態の違い）やそれぞれの専門職（保育者、看護師、管理栄養士、調理師、事務管理など）が存在する。それぞれが、乳児保育を支え協働して保育の質を高

める意識を持つことが必要である。例えば、看護師は乳児の健康について、調理師は乳児の食事について、非正規職員の保育者であっても責任をもって乳児保育について、それぞれが情報収集・提供を行うなど、保育施設全体で共通理解ができるような組織としての仕組み作りも必要であろう。

2　乳児保育における保育者と保護者の連携

　ここでは、乳児保育における保育者と保護者との連携について概観する。「子どもの最善の利益」を保障するためにも、乳児保育は保護者と信頼関係を構築し互いに連携しながら保育実践を行うことが必要となる。大豆生田が指摘するように、「保護者がサービスの受け手になるだけでなく、子どもを共に育てる存在となること」が重要な視点になる。同時に、保育に「保護者が義務的ではなく、主体的に参加できるような工夫」も必要になっている[5]。

　上述した点を踏まえると、乳児保育を支えるためには、保育施設として保護者が保育（子育て）に積極的に関わる仕組みを作ること、かつ、子育てに悩んだり、不安を抱えたりしている保護者への支援や子育て支援は必要不可欠である。なぜなら、乳児の育ちは家庭だけ、保育施設だけで完結するのではなく、相互の関わりによって乳児の育ちが支えられるからである。この点について池田りなは、「乳幼児の１日の生活は、主に家庭と園とを行き来することで成り立っていますが、この２つの場所での活動が分断されてはなりません」「家庭と園とが24時間の視野をもって子どもを把握することが子どもの育つ環境としての基本になるのです」と述べている[6]。

　では、実際に保育者は保護者と関わる際にどのような点に留意しているのであろうか。以下では、筆者が所属する大学付属保育園（以下、「付属園」という）の乳児保育担当のＡ保育士からのインタビューの一部を紹介したい。まず、「入園説明会の時が初対面なのですが、第１印象を大切にしています。特に、初めて授かった赤ちゃんを初めて他人へ預ける親御さんはとても緊張して来園されます。どんな保育園？どんな先生なの？と、凝視されることが多いです。リラックスして頂けるように、穏やかに挨拶をし、抱っこされている赤ちゃんを優しくあやしたり、ママと来てくれたのね、など歓迎の言葉をかけたりするようにしています」。つまり、保育者と保護者の連携はこの初めての出会いから始まっているのである。また、保護者との良好な関係を作るために「子どもさんの生

育歴を尋ねる前に、まず母親の産後の体調を尋ねています。お答えに対して時折復唱や頷きを入れながら確認し、安心感を持って頂けるようにしています」といったように、適切なコミュニケーションを図ることを心がけているのである。すなわち、保護者と保育者が連携するためには、このようなコミュニケーション・スキルやソーシャル・スキルといった技術が必要になってくる。

そして、保育者と保護者が連携していくためのもう1つの留意点は、受容と共感、承認するなど、ソーシャルワークの知識と技術を用いることも有益である。A保育士は次のように述べる。「母親の頑張りを十分に褒め認め、足りないところはさりげなく提案するようにしています」また、「ちょっと困ったな、と思える保護者の方でもいいところを見つけ出し保育者同士で語り合うことで、その方のイメージを明るくすることができています」。つまり、受容・共感、承認することによって、保護者のイメージまでも変化するのである。このイメージの変化はその後の保護者との関係性にもよい影響につながる。

廣瀬優子らは「保護者とのより良い関係形成をするためには、送迎の際の挨拶や連絡帳のやり取りなど様々にあるが、日々の交流の際に、意図的に保護者との関係形成を図る工夫をする必要がある7)」と指摘する。この意図的な関わりが保護者との連携には重要である。

「保育指針」、総則に、「保育所は、その目的を達成するために、保育に関する専門性を有する職員が、家庭との緊密な連携の下に、子どもの状況や発達過程を踏まえ、保育所における環境を通して、養護及び教育を一体的に行うことを特性としている」と示されている。この連携のためには、第4章に「子育て支援」で明記されているように「ア 保護者に対する子育て支援を行う際には、各地域や家庭の実態等を踏まえるとともに、保護者の気持ちを受け止め、相互の信頼関係を基本に、保護者の自己決定を尊重すること」と示されている。すなわち、上述したように、保護者を受容・共感し、寄り添いながら支援すること、そして、保育者と保護者が共に乳児の育ちを支えることが重要である。

3 乳児保育における関係者・関係機関との連携

乳児保育では、関係者（民生委員児童委員、主任児童委員、NPO法人、ファミリーサポートセンター事業協力会員、近隣の人々等）・関係機関との連携も重要な視点である。地域社会や家庭、子育て環境の変化などによって保育ニーズは多様化し、さら

なる拡大の様相を示し、乳児保育においてもより一層、関係者・関連機関などとの連携は重要な課題であると言える。

「保育指針」では、第4章「1 保育所における子育てに関する基本的原則」の「(2)子育て支援に関して留意すべき事項」に、「ア　保護者に対する子育て支援における地域の関係機関等との連携及び協働を図り、保育所全体の体制構築に努めること」と示されている。また、「3 地域の保護者等に対する子育て支援」の「(2)地域の関係機関等との連携」では、「ア　市町村の支援を得て、地域の関係機関等との積極的な連携及び協働を図るとともに、子育て支援に関する地域の人材と積極的に連携を図るよう努めること」「イ　地域の要保護児童への対応など、地域の子どもを巡る諸課題に対し、要保護児童対策地域協議会など関係機関等と連携及び協力して取り組むよう努めること」と示されている。子育て家庭で身近な市町村との関わり、医療、福祉、教育などの関連機関と連携し有機的な子育て支援を行うことで子どもの育ちを支えていく、ということである。

また、障がいのある子どもの保育では、特に、療育機関や医療機関などとの密接な連携が必要である。障がいの早期発見[8]（あくまでも保護者の同意と保護者の障がいの理解（受容）が優先である）、早期療育の観点からも保護者に寄り添い、子どもの困りごとや保護者の子育てに対する困りごとなどについて、保育者だけでなく、障がいについての専門機関から専門的な見地での意見やアドバイス、療育も有効である。例えば、付属園でも積極的に病院や療育機関、行政と連絡・調整を図りながら乳児保育や子育て支援を行っている。子どもの発達支援では、通院中の病院と連絡を取りながら子どもの園生活での状況を伝えアドバイスをもらったり、病院での療育を見学させてもらったりしながら、保育に生かしている。また、行政や要保護児童対策地域協議会と定期的に連絡を取り地域の子どもの育ちや子育ての状況を把握するように努めている。つまり、地域のさまざまな社会資源とつながり連携を図りながら、乳児保育を支えていくことが重要である。

さらに、民生委員児童委員、主任児童委員、NPO法人、ファミリーサポートセンター事業協力会員、近隣の人々と連携することも乳児保育では大切な要素である。例えば、子育てのストレスや悩みを持つ母親が気軽に相談できる民生委員児童委員やファミリーサポートセンター事業協力会員など近隣の人々の力を借りたり、互いが協力し合ったりすることで母親を支えることが可能であ

る。子育て家庭にとって、身近な地域社会の人々が子育てや子どもの育ちに寛容になること、かつ、見守り体制を構築することも今後期待される。

このように、乳児保育においては、地域の関係者・関連機関を含めた社会で子育てを担うといった「子育ての社会化」についても意識しておく必要があろう。つまり、保護者、保育者、地域の関係者・関連機関が協働して乳児の育ちを支えるといった仕組み作りを検討することが必要である。

おわりに

乳児保育においては保育者等職員の連携、保育者と保護者や地域の関係者・関係機関との連携は不可欠であると言える。そのためには、互いの良好な人間関係を構築することが重要である。それは、保育者同士、保護者と保育者、保育者・保護者と関係機関が信頼関係を築くことが必要である。その結果として、乳児の育ちをそれぞれが共通理解の基に支えることができるのである。

児童福祉法第2条第2項に示されるように、子育ての第一義的責任は保護者にある。しかし、保護者だけが子育ての責任を負うのではなく、子どもの育ちは社会全体の責任でもあることも理解しておかねばならない。保護者が安心して子育てに力を注ぐことができるような環境を整備する必要もあろう。その一助として、保育施設、関係機関、地域社会の人々が互いに連携し、保護者の子育てを支えていくことが乳児保育の未来を拓くのではないだろうか。

> 演習問題
> 1．乳児保育における保育者等職員の人間関係について考えてみよう。
> 2．乳児保育における保護者と保育者との連携の際の留意点についてまとめてみよう。
> 3．乳児保育における関係者・関係機関との連携のあり方について議論してみよう。

注
1）大豆生田啓友編『「対話」から生まれる乳幼児の学びの物語——子ども主体の保育の実践と環境——』学研教育みらい、2017年、9頁。
2）大場富子「第6章　対人関係の発達と保育」松本園子編『乳児の生活と保育』みなみ書房、2016年、141頁。
3）市川寛子「第3章第1節　乳児期・幼児期・学童期の心理と人間関係の発達」小山望・早坂三郎監・一般社団法人日本人間関係学会編『人間関係ハンドブック』福村出版、

4）伊藤輝子・立浪澄子「第7章　乳児保育と保育課程」松本園子編前掲書、159頁。
5）大豆生田前掲書、13頁。
6）池田りな「第5章　保育の実践1——保育における養護と教育——」関口はつ江『保育原理——保育の基礎を培う——』萌文書林、2015年、271頁。
7）廣瀬優子・和田上貴昭・乙訓稔他「保育所が行う家庭との連携・協働プログラムの実証・研究～イベントサークル等の調査～」『保育科学研究』第6巻、2015年度、54-63頁。
8）例えば、発達障がいなどは乳児では発見しにくい場合もある。3歳児検診等で発達の遅れなどについて指摘されることもある。早期発見、早期療育を焦らせるものではない。あくまでも保護者と連携して子どもの育ちを支えるといった視点が重要である。

参 考 文 献

伊藤良高『保育制度改革と保育施設経営——保育所経営の理論と実践に関する研究——』風間書房、2011年。
伊藤良高・下坂剛編『人間の形成と心理のフロンティア』晃洋書房、2016年。
伊藤良高・永野典詞・三好明夫・下坂剛編『新版　子ども家庭福祉のフロンティア』晃洋書房、2015年。

コラム4
▶乳児とメディア

乳児期からのメディア漬け

　0歳児の71％がスマホ使用の経験がある。NHK子育て応援サイトがスマホを利用する父母1612人に調査したデータである[1]。動画を視聴するという利用の仕方が最も多く、「子どもがおとなしくなる」という理由が多くを占める。

　小児科の開業医が中心の組織・社団法人日本小児科医会「子どもとメディアの問題に対する提言」（2004年）では、乳児期からのメディア漬けの生活は、運動不足、睡眠不足、コミュニケーション能力の低下などを生じさせ、心身の発達の遅れや歪みが生じた事例が臨床の場から報告されているとし、特に2歳以下の乳児のメディア接触について強い警鐘を鳴らしている。また、行政の委託で地域家庭教育リーダーが実施する就学時健診の際の講演会や家庭教育学級においても、子ども本人や母親をはじめとした保護者に対して、スマホやテレビの害について啓発する講演会が行われている。子どものスマホ使用の悪影響についてだけでなく、「親のスマホ使用が赤ちゃんに与える影響」と題され、「スマホがあれば何もいらなくなり、中毒や依存になりやすく、子育てよりスマホを優先するようになり、赤ちゃんの体調変化やケガに気づかず、最悪の場合は死亡させてしまうこともある」「親が赤ちゃんに見向きもしなくなると、赤ちゃんは欲求を伝えることを止め、サイレントベビーになる」などと指摘されている。

　このように、乳児とメディアの関係性は今日危機的な状況にあり、保護者や保育者に対して強い危機感を持つように促すメッセージが多く示されている。しかし、保護者にスマートフォンの禁止をただ求めるような家庭教育を推進していくことが望ましいあり方なのであろうか。

子育てに活かされているスマホ

　筆者は、「発達協働センターよりみち」という障害児者相談支援事業所の相談支援専門員をしており、日頃、児童発達支援事業所等の療育機関に通う子どものケアプランの作成をはじめとした相談支援を行っている。

　担当している子どもの母親Aさん宅に訪問相談をした際に、スマートフォンの講演会についての話題になった。「世の中は、スマホを触りながら子どもと関わる母親を悪魔であるかのように言っていますけど、中々外出できず子育てサークルにも参加できず、子どもの発達やワンオペ育児に悩む私にとっては、スマホは子育ての情報を得るのに欠かせないものなんです。ここまで悪く言われるなん

てとてもつらい」。そう涙を浮かべる母親のスマートフォンを見せてもらうと、子育て情報のwebページのブックマークや家事に役立つアプリが多数登録されていた。Aさんにとってのスマートフォンは1人で家事と育児を同時並行で効率よく行うための工夫を必死で試みるために必要な情報源だったのである。

　また、Aさんの1歳になる子どもは療育機関（児童発達支援事業所）に通所しており、本人の特性に応じたスマホのアプリも活用した療育を受けている。以前とは違い、障害者手帳や明確な診断がなくても、医師の意見書だけで、「病気や障害の診断はないが、発達が気になる子」でも通所することができ、利用者が急増した。療育機関の数もここ数年で急激に増加し、社会福祉法人等の非営利法人だけでなく、株式会社等の営利法人が参入してきている。今まで子どもの障害が受容できず、療育機関の利用を躊躇し、例えニーズがあってもサービスにつながらなかった子どもが、「多様な療育の機会を受けられる可能性が広がった」ことは歓迎されることである一方、急激に乱立した療育機関の療育の内容と質の格差は激しい。また、受入時間や送迎や軽食の有無等のサービス内容の違いもある。

　そんな時に活躍するのがスマートフォンである。熊本市には自立支援協議会と連携した、KP5000という民間事業所によるプロジェクトがあり、「相談プラグ」という名称で、利用希望が殺到している相談支援事業所の受入情報等リアルタイムで更新されている。[2]

　また、SNSを子育て等に活用する動きもある。筆者も関わっている熊本市の子育てサークル「さやえんどうクラブ」では、月に1回の会合の場の他に、webページやFACEBOOKページ、LINEグループの作成も行っている。[3] LINEグループでは、数十人以上ものメンバーが子育ての悩みを話し合い、療育機関を利用した体験談や講演会や勉強会等の情報共有、そして、自ら勉強会を開催することや新たな子育てに関するコミュニティーを立ち上げる人もいる（図1）。

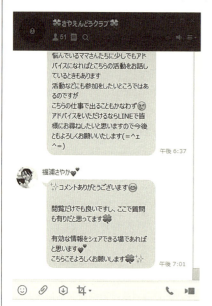

図1　「さやえんどうクラブ」LINEグループ

保育所保育指針から乳児とメディアの関係を考える

　2017年3月31日改定の保育所保育指針では、乳児保育に関する記述の充実化が図られており、「健康」「人間関係」「環境」「言葉」「表現」という保育の5領域が関わりあいながら、「健やかに伸び伸びと育つ」、「身近な人と気持ちが通じ合う」、「身近なものと関わり感性が育つ」等が生活や遊びの中で育まれていくことを踏まえた保育内容として記載されている。特に視覚、聴覚などの感覚や運動機能が著しく発達する時期である乳児期は、特定の大人との応答的な関わりを通じて情緒的な絆が形成される時期であり、受容的、応答的に行われる保育が重要視されている。

　スマホを使うことが「害をなすだけ」であるなら、とにかく乳児からスマホを遠ざける措置が必要である。しかし、スマホは利用の仕方によって保護者の子育ての知識を豊かにし、乳児の特性に応じた発達を助ける便利なツールにもなりうる。発達心理学者の菅原ますみは、テレビの視聴時間が乳児の発達に及ぼす大きな影響は今のところ認められず、テレビの登場人物を指して、子どもに「〇〇ちゃんどうしてた？」など対話的な質問をするような、「対話的共有視聴」を行う等、子どもと関わるツールとしての活用を提唱している。[4]

　メディアは利用者の気持ちを受け止め、共感をつないで進化し、個々のニーズにフィットさせることができる可能性を秘めている。[5] そこで、スマホ等のメディアをよりよく利用するための提案をしてみたい。まず、メディアの特性と子どもに及ぼしうる影響を十分に考慮し、用途や使用場面を熟考した活用をすることである。スマホの使い過ぎは、電磁波やブルーライト等で健康を害する可能性も指摘されており、長時間の利用を控えることも重要になってくる。次にメディアに依存することでおざなりになると言われる双方向コミュニケーションを促進し、人間関係を深めるメディア利用と環境設定を意識することである。

　これからの保育者はメディアをいたずらに恐れず、子どもの発達を多様な視点で見つめ、よりよい活用法について保育者・保護者と共に対話し、考え続けることができる情報リテラシー能力を身に着けることが必要ではないだろうか。

注
1 ）NHKエデュケーショナル「すくこむ」（https://www.sukusuku.com/contents/27776　2017年10月1日最終確認）。
2 ）KP5000プロジェクト（http://kp5000.jp/plug/　2017年10月1日最終確認）。
3 ）子育て支援ネットワークさやえんどうクラブ（http://sayaendou.com/　2017

年10月1日最終確認)。
4) 日経 DUAL「テレビ子守：子どもへの影響は小さい？」(http://dual.nikkei.co.jp/article.aspx?id=1815　2017年10月1日最終確認)。
5) 総務省『情報通信白書（平成24年版)』「読者参加コラム：2020年に、メディアはどう進化している？」2012年。

特別寄稿
おはなし
あたたかいおかゆさんとうめぼしばあちゃん
作：月岡エミ子

　おばあちゃんが病気で入院しました。
　おばあちゃんは、入院して４日目、お薬をのんだあとむかむかして、何も食べられなくなりました。
　それで、うちにいるむすめに

「おかゆさんと梅干しならたべられるかもしれないから作ってもってきておくれ。」

とでんわでお願いしますと

「いいよ。おいしいおかゆをつくってもっていくからね。」

とやさしい返事をくれました。
　その日の夕方、おかゆさんは魔法ビンに入り、梅干しさんと一緒にやってきました。
　おばあちゃんは、ふうふういいながら

「こんなにおいしいおかゆさんは、はじめて食べたよ。それに、このしわしわのかわいい梅干しさんは、まるでわたしみたい！！　これから、もうひとつのわたしの名前を"うめぼしばあちゃん"にしましょう。」

と思いました。
　看護師さんがやってきたので、このことを話すと、

「うーん、もうちょっとかおのしわが足りないんじゃない？」
「でも、私、入院してからずいぶんやせて、これでもしわだらけになったような気がするの。それに、うめぼしばあちゃんの名前が気にいったの！」
「そうねぇ、"うめぼしばあちゃん"てかわいい名前ですね。では、うめぼしばあちゃん！　おやすみなさーい。」

と看護師さんは部屋を出て行きました。
　しばらくして、トントンと戸をたたく音がしました。
　見るとわかいいトナカイが立っていました。

　「あなたはどこかで見たトナカイさんね！　あっ！　思い出したわ！病院の中庭にサンタさんたちと一緒にイルミネーションで飾られたトナカイさんでしょ！」
　「そうですよ！　おばあちゃんが一人で夜空を見上げ、さびしそうにしてたでしょ！　だから、ぼくがピカピカ光るお星さまの国へ連れて行こうとやってきたのですよ。」
　「まぁ！　やさしいトナカイさんなのね！　うれしいわ！　わたしお星さまの子どもたちをひざにのせ、あたまをなでたり、桜山保育園の元気な子ども達のお話をしてあげたりしたかったの！　早くつれていって！」
　「うめぼしばあちゃん、ぼくにつかまって！　さぁ、出発！！」

おばあちゃんは、あっというまに満天の星の世界に着いていました。

　「なんと美しい星たちでしょう！」

おばあちゃんは、夢中で子どもの星たちに

　「いい子、いい子、早く大きくなあれ！」

と言って、あたまをなでなでしました。
うめぼしばあちゃん、かわいいお星さまにあえてよかったですね。

　　　　　　　　　　　　　　　　　　　　　　　　おわり

《解説》
　本作品は、編者（伊藤美佳子）の母親が生前に、病気治養のため、大牟田市内の病院に入院しているときに著したものです（2015年12月頃）。
　病床にあっても、いつも、創立した桜山保育園の子どもたちのことを忘れず、健やかな育ちを願いながら、治療に専心していた様子が伝わって

きます。
　今では、本当のお星さまになり、亡き夫（月岡晴士）のそばで、"うめぼしばあちゃん"として、キラキラと輝き、楽しく暮らしているでしょうね。

編　　者

索　引

《ア　行》

愛着関係　2, 27, 56, 67
愛着対象　41
赤ちゃん学　15
新しい社会的養育ビジョン　29
アニミズム　79
生きる力の基礎　67
育休退園　54
育児休業、介護休業等育児又は家族介護を行う労働者の福祉に関する法律（育児・介護休業法）　52
育児休業期間　53
育児休業制度　52
意見表明権　6
一時預かり事業　5
いないいないばあ　66
NPO法人　45
絵本　75
エリクソン　78
嚥下　58
応答的な関わり　2, 19
おむつはずれ　63

《カ　行》

外気浴　68
カウンセリング　29
家族再統合　29
家庭支援専門相談員（ファミリーソーシャルワーカー）　29
家庭的保育事業　12, 34
　　――等の設備及び運営に関する基準　34
家庭的保育者　36
家庭的保育補助者　36
家庭復帰　29
看護休暇　52
看護師　92
感染症　22, 76
管理栄養士　93
基本的生活習慣　22, 68, 74

虐待→児童虐待
吸啜反射　55
教育基本法　8
驚愕運動　69
月案　86
合計特殊出生率　48
高度生殖医療　50
幸福に生きる権利　1
子育て支援　5
　　――員　36
子育て世代包括支援センター　49
子育ての社会化　41, 97
ごっこ遊び　67
子ども・子育て関連3法　11, 32
子ども・子育て支援新制度　11, 32, 44
子ども・子育て支援法　32
子どもの最善の利益　19, 94
子どもの貧困対策の推進に関する法律　3
個別的な計画　87
コミュニケーション・スキル　95
5領域　74

《サ　行》

サイレントベビー　99
桜山保育園（熊本県荒尾市）　104
サテライト型小規模保育事業　38
里親　29
　　――支援専門相談員　29
産休明け保育　10
3号認定　21
3歳児神話　10
3歳の壁　38
3歳未満児　12
散歩　68
ジェネラル・ムーブメント　55
自我の芽生え　73
施設型給付　12
施設の小規模化　28
児童虐待　11, 26, 43
指導計画　86

児童相談所　26
児童の権利に関する条約　6
児童福祉施設　9
　——の設備及び運営に関する基準　5, 21, 76
児童福祉法　8, 18, 25, 34, 36, 97
社会資源　47
社会的養護　25
　——の課題と将来像　28
週案　87
周産期医療　49
集団保育　9
出生前診断　50
授乳　58
主任児童委員　96
小規模保育事業　12, 34
少子化　48
　——社会対策基本法　49
　——社会対策大綱　49
情緒的な絆　2, 19
情緒の安定　74
嘱託医　21
睡眠　61
　——チェック　56
スマートフォン（スマホ）　62, 99
生活リズム　62, 74
清潔　63
生命の保持　74
生理的早産　1
全体的な計画　85
ソーシャルワーク　68, 95
　——機能　28

《タ　行》

待機児童　6, 18
代替養育　29
代理出産　50
短期的な指導計画　86
探索活動　66, 72
短時間勤務制度　53
担当制保育　68
担当養育制　27
地域型保育　33
　——給付　12

　——事業　6, 33
地域子育て支援拠点事業　5, 44
地域子ども・子育て支援事業　12
長期的な指導計画　86
調理員　92
追視　55, 65
つかまり立ち　56
つもり遊び　66
DV被害　25
トイレット・トレーニング　63, 78
特別養子縁組　30, 53

《ナ　行》

喃語　73
2語文　73
日案　87
日本国憲法　2, 8
乳児院　25
乳児家庭全戸訪問　44
乳児保育促進事業　11
乳児保育特別対策　10
乳幼児突然死症候群　11, 56
妊産婦検診　44
認定こども園　12, 19
寝返り　56
ネグレクト　26
年間計画　86

《ハ　行》

排泄　62, 72
ハイハイ　56, 87
育みたい資質・能力　67
パタニティ・ハラスメント　49
早寝早起き　62
腹這い　56
ピアジェ　79
PDCAサイクル　90
人見知り　56
フォスタリング機関　29
不適切な養育　42
不妊治療　50
振り返り　89
保育課程　85
保育教諭　22, 92

保育実践　89
保育所　9, 18
保育士養成　11
保育所保育指針　2, 18, 38, 67, 71, 81, 85, 92
保育に欠ける　9
保育の質の向上　90
保育の専門性　90
保育士配置基準　5, 22
保育を必要とする　12, 33
保健師　44
ホスピタリズム　10
哺乳　58

《マ　行》

マタニティ・ハラスメント　49
マーラー　79
見立て遊び　66
民生委員児童委員　96
メディア漬け　99
モロー反射　55

《ヤ　行》

夜驚　27
揺さぶられっこ症候群　55
指しゃぶり　58, 66
幼児食　60
要保護児童　96
　——対策地域協議会　96
幼保連携型認定こども園　20
　——教育・保育要領　18, 81
夜泣き　61

《ラ・ワ行》

卵子提供　50
リーチング　65
離乳　58
　——食　58, 72, 87
連携施設　37
連絡帳　88
ワーク・ライフ・バランス　4
わらべ歌　75

《執筆者紹介》（執筆順、＊は編者）

＊伊藤　良高（いとうよしたか）　奥付参照 …………………………………… 第1章、第2章

森本　誠司（もりもとせいじ）　京都橘大学健康科学部准教授 …………………………………… コラム1

香﨑智郁代（こうざきちかよ）　九州ルーテル学院大学人文学部准教授 …………………………………… 第3章

桐原　誠（きりはらまこと）　湯出光明童園家庭支援専門相談員 …………………………………… 第4章

宮﨑由紀子（みやざきゆきこ）　大原保育医療福祉専門学校熊本校講師 …………………………………… 第5章

山本佳代子（やまもとかよこ）　西南学院大学人間科学部准教授 …………………………………… 第6章

西田　千鶴（にしだちづる）　福岡県地域医療支援センター嘱託職員 …………………………………… コラム2

田添ゆかり（たぞえゆかり）　開新高等学校非常勤講師、熊本学園大学大学院社会福祉学研究科博士後期課程院生 …………………………………… コラム3

＊伊藤美佳子（いとうみかこ）　奥付参照 …………………………………… 第7章

伊藤　奈月（いとうなつき）　神戸大学大学院人間発達環境学研究科博士後期課程院生 …………………………………… 第8章、第10章

下坂　剛（しもさかつよし）　四国大学生活科学部准教授 …………………………………… 第9章

永野　典詞（ながのてんじ）　九州ルーテル学院大学人文学部教授 …………………………………… 第11章

山田　裕一（やまだゆういち）　発達協働センターよりみち相談支援専門員 …………………………………… コラム4

《編者略歴》

伊藤良高（いとう　よしたか）
　1954年　大阪府に生まれる
　1982年　名古屋大学大学院教育学研究科博士後期課程単位等認定
　専　攻　保育学・教育学（保育制度・経営論）
　現　在　熊本学園大学社会福祉学部教授、熊本学園大学大学院社会福祉学研究科教授、桜山保育園理事長、博士（教育学）、日本保育ソーシャルワーク学会常任理事・会長、日本保育ソーシャルワーク学会認定「中級保育ソーシャルワーカー」
　著　書　『〔新版〕子どもの環境と保育――少子社会の育児・子育て論――』（北樹出版、2001）
　　　　　『〔増補版〕現代保育所経営論――保育自治の探究――』（北樹出版、2002）
　　　　　『新時代の幼児教育と幼稚園――理念・戦略・実践――』（晃洋書房、2009）
　　　　　『保育制度改革と保育施設経営――保育所経営の理論と実践に関する研究――』（風間書房、2011）
　　　　　『幼児教育行政学』（晃洋書房、2015）
　　　　　『保育ソーシャルワーカーのおしごとガイドブック』（共著、風鳴舎、2017）、他

伊藤美佳子（いとう　みかこ）
　1962年　熊本県に生まれる
　1988年　聖和大学（現・関西学院大学）大学院教育学研究科修士課程修了
　専　攻　保育学・教育学（乳幼児心理学）
　現　在　桜山保育園園長、荒尾市ファミリー・サポート・センター長、熊本学園大学非常勤講師、保育心理士、修士（教育学）、日本保育ソーシャルワーク学会常任理事、日本保育ソーシャルワーク学会認定「中級保育ソーシャルワーカー」
　著　書　『〔改訂新版〕現代の幼児教育を考える』（共著、北樹出版、2007）
　　　　　『幼児教育のフロンティア』（共著、晃洋書房、2009）
　　　　　『保育ソーシャルワークの世界――理論と実践――』（共著、晃洋書房、2014）
　　　　　『人間の形成と心理のフロンティア』（共著、晃洋書房、2015）
　　　　　『新版　子どもの幸せと親の幸せ――未来を紡ぐ保育・子育てのエッセンス――』（共著、晃洋書房、2017）
　　　　　『保育ソーシャルワーカーのおしごとガイドブック』（共著、風鳴舎、2017）、他

　　　　　　　　　　乳児保育のフロンティア

2018年4月10日　初版第1刷発行	＊定価はカバーに表示してあります

編者の了解により検印省略	編　者	伊　藤　良　高 © 伊　藤　美佳子
	発行者	植　田　　　実
	印刷者	河　野　俊一郎

　　　　　　発行所　株式会社　晃洋書房
　　　　　　〒615-0026　京都市右京区西院北矢掛町7番地
　　　　　　　　　　電話　075(312)0788番(代)
　　　　　　　　　　振替口座　01040-6-32280

カバーデザイン　クリエイティブ・コンセプト　　印刷・製本　西濃印刷㈱
ISBN 978-4-7710-3025-1

JCOPY 〈㈳出版者著作権管理機構　委託出版物〉
本書の無断複写は著作権法上での例外を除き禁じられています。
複写される場合は、そのつど事前に、㈳出版者著作権管理機構
（電話 03-3513-6969、FAX 03-3513-6979、e-mail:info@jcopy.or.jp）
の許諾を得てください。

伊藤良高 編集代表
2018年版 ポケット教育小六法
新書判 338頁
本体 1,300円（税別）

日本保育ソーシャルワーク学会 編
保育ソーシャルワークの世界
――理論と実践――
Ａ５判 200頁
本体 1,800円（税別）

伊藤良高 編著
第２版 教育と福祉の課題
Ａ５判 246頁
本体 2,600円（税別）

伊藤良高・冨江英俊 編
教育の理念と思想のフロンティア
Ａ５判 120頁
本体 1,300円（税別）

伊藤良高・下坂剛 編
人間の形成と心理のフロンティア
Ａ５判 128頁
本体 1,300円（税別）

伊藤良高・大津尚志・永野典詞・荒井英治郎 編
教育と法のフロンティア
Ａ５判 140頁
本体 1,400円（税別）

伊藤良高・冨江英俊・大津尚志・永野典詞・冨田晴生 編
新版 子ども家庭福祉のフロンティア
Ａ５判 116頁
本体 1,300円（税別）

伊藤良高・伊藤美佳子 著
新版 子どもの幸せと親の幸せ
――未来を紡ぐ保育・子育てのエッセンス――
Ａ５判 176頁
本体 1,800円（税別）

伊藤良高 著
幼 児 教 育 行 政 学
Ａ５判 150頁
本体 1,500円（税別）

西尾祐吾 監修
保育実践を深める相談援助・相談支援
Ｂ５判 280頁
本体 2,800円（税別）

西尾祐吾・小崎恭弘 編著
第２版 子ども家庭福祉論
Ａ５判 222頁
本体 2,300円（税別）

晃 洋 書 房